Eine Bildreise

Ehrenfried Kluckert / Otto Stadler / Ellert & Richter Verlag

Hohenlohe

Ehrenfried Kluckert
geb. 1944 ist promovierter Kunsthistoriker. Bis 1980 war er Assistent an der Pädagogischen Hochschule in Reutlingen und lebt heute als freiberuflicher Autor im Markgräflerland. Von 1992 bis 1994 war er Gastprofessor an der Universität Gießen. Zahlreiche Veröffentlichungen u.a. zu kunst- und regionalgeschichtlichen Themen. Im Ellert & Richter Verlag erschien von ihm bisher die Bildreise „Freiburg, Kaiserstuhl und Markgräflerland".

Otto Stadler
geb. 1959 in Geisenhausen, Ausbildung als Filmassistent, Mitarbeit bei verschiedenen Filmproduktionen. Als freiberuflicher Fotojournalist reiste er ab 1984 durch Europa, Nordafrika und Südostasien. Er arbeitet für internationale Bildagenturen. Seine Fotos sind in verschiedenen nationalen und internationalen Zeitungen und Zeitschriften erschienen. Für den Ellert & Richter Verlag fotografierte er die Bildreisen „Bali", „Oberschwaben", „Der Pfaffenwinkel", „Die Schwäbische Alb" und „Die Loire und ihre Schlösser".

Titelfoto:
Blick auf das Schloß und den Schloßgarten in Langenburg

Bildnachweis:
Fotos: Otto Stadler, Geisenhausen

außer:
Archiv für Kunst und Geschichte, Berlin: S. 30 re., 52 li., 80 li.
Bausparkasse Schwäbisch Hall AG, Schwäbisch-Hall: S. 32/33
Bildarchiv Preußischer Kulturbesitz, Berlin: S. 9 re.
Museum Würth, Künzelsau/Foto: Roland Bauer, Braunsbach: S. 21 re.
Süddeutscher Verlag, München: S. 29 re.
Die Aufnahmen im Schloß Weikersheim (S. 7, 8, 12/13, 51, 58/59), Kloster Schöntal (S. 84/85) und in der Stiftskirche auf der Groß-Comburg (S. 44/45) wurden mit freundlicher Genehmigung und Unterstützung des Staatl. Vermögens- und Bauamts Heilbronn – Staatliche Schlösser und Gärten – gemacht.

Karte: © ADAC Verlag, München

Literatur:

Ackermann, M./König, H.-J./Clauß, H. u. a.: Kunst, Kultur und Museen im Kreis Schwäbisch Hall, Stuttgart 1991
Budde, L./Merten, K.: Die Architektur im deutschen Südwesten zwischen 1530 und 1634. In: Die Renaissance im deutschen Südwesten, Ausstellungskatalog Karlsruhe 1986, Bd. 1, S. 87–124
Dettelbacher, W.: Zwischen Neckar und Donau, Köln 1976
Dettelbacher, W.: Franken, Köln 1995
Filtzinger, Ph., Planck, D./Cämmerer, B.: Die Römer in Baden-Württemberg, Stuttgart 1976
Fleck, W.-G.: Burgen und Schlösser in Nordwürttemberg, Frankfurt/M. 1979
Hohenloher Land, hrsg. von M. Wankmüller, Hamburg 1996
Kluckert, E.: Heinrich Schickhardt im Hohenlohekreis, Bierlingen 1991
Kluckert, E.: Vom Heiligen Hain zur Postmoderne. Eine Kunstgeschichte Baden-Württembergs, Stuttgart 1996
Rieple, M.: Sonne über dem Neckarland, Stuttgart 1966
Storz, O.: Nebelkinder, Hamburg 1986
Weller, K./Weller, A.: Württembergische Geschichte im südwestdeutschen Raum, Stuttgart 1975

Die Deutsche Bibliothek – CIP-Einheitsaufnahme
Hohenlohe / Ehrenfried Kluckert/Otto Stadler. – Hamburg : Ellert & Richter, 1998
(Eine Bildreise)
ISBN 3-89234-809-X

Text und Bildlegenden: Ehrenfried Kluckert, Bremgarten
Lektorat: Anne Voggenreiter, Hamburg
Bildredaktion: Kathrin I. Müller, Hamburg
Gestaltung: Büro Hartmut Brückner, Bremen
Lithographie: Litho-Jankowski, Flensburg; Offset-Repro im Centrum, Hamburg
Satz: KCS GmbH, Buchholz/Hamburg
Druck: Lechte Druck GmbH & Co. KG, Emsdetten
Bindung: S. R. Büge, Celle

Inhalt

Wo liegt das Hohenloher Land? In der Gegend von Schwäbisch Hall und etwas weiter nördlich Richtung Würzburg." Das ist richtig, aber nicht sehr genau. Freilich ist eine exakte Grenzziehung heute kaum mehr möglich. Im Verlauf der politischen Geschichte des Hauses Hohenlohe haben sich die Grenzen immer wieder verschoben. Im Norden in der Nähe von Weikersheim und im Osten zwischen Kirchberg, Langenburg und Schrozberg erscheint Hohenlohe ausgefranst, fast schon wie ein Flickenteppich. Letzteres trifft auch auf die Exklave Schillingsfürst zu, die wie eine „Insel im Frankenland" in der Nähe der Stadt Rothenburg ob der Tauber liegt. Das Problem der Markierung des Gebietes bestand also schon immer.

Dokumenten aus dem beginnenden 17. Jahrhundert zufolge kennen wir die Gründe dieser schwierigen Vermessung der Grafschaft. Am 15. März 1604 begann der württembergische Hofbaumeister Heinrich Schickhardt zusammen mit Herzog Friedrich von Württemberg „von einem marckhstein zum andern" zu ziehen, um die Grenzen Württembergs zu kartographieren. Schickhardt hielt sich auch einige Zeit im Grenzgebiet zum Hohenlohischen auf.

Offensichtlich war der geschätzte und vielseitige Schickhardt den hohenlohischen Grafen bekannt, denn sie baten um dessen Dienste, nachdem ihr Vater, Georg Friedrich I., Graf von Hohenlohe-Waldenburg, im Jahre 1600 gestorben war. Da die Grafschaft keine Primogeniturordnung kannte, der zufolge das Erbe an den Erstgeborenen fiel, mußte die Gebietsteilung also unter den drei Söhnen vorgenommen werden. Um möglichen späteren Erbauseinandersetzungen vorzubeugen, war eine korrekte Aufteilung des gräflichen Erbes notwendig.

So machte sich Heinrich Schickhardt an die Arbeit und zog als Geometer mit Meßtisch, Zirkel und Papierrollen durch das Land. Wenn auch der damaligen Zeit entsprechend umständlich, so notierte er doch seine Arbeit sorgfältig: „Weitter haben auff der hochwolloblichen greflich Hohenlo-Waldenburgischen Vormundtschafft gnediges Begehren, auch gnediges Erlauben unser gnedigen Herren wir zu End Benannte, die hochwollobliche Hohenlo-Waldenburgische Graffschaft an Stätten, Schlossern, Derf-

Schloßkirche von Bad Mergentheim, erbaut von 1731 bis 1736. Mergentheim gehörte schon im 12. Jahrhundert dem edelfreien fränkischen Geschlecht derer von Hohenlohe.

fern, Mühlen, Keltern und anderen Gebeiien in dreii Thail gethailt."
Die Teilung wurde nach besitzrechtlichen und wirtschaftlichen Gesichtspunkten vollzogen. Das Eigentum mußte gerecht verteilt werden. Dem Setzen von Grenzsteinen ging also die Schätzung des Besitzes voraus. Nun wird auch verständlich, warum Schickhardt erst vier Jahre nach dem Tod des Grafen mit dieser Aufgabe betraut wurde. Es galt, die wirtschaftliche Potenz der Grafschaft und den Wert der Besitzungen zu errechnen.
Schickhardts Aufzeichnungen machen auf die äußerst verwirrenden Herrschaftsverhältnisse des Hauses Hohenlohe aufmerksam. Die Darstellung einer klaren chronologischen Abfolge der Fürsten und Grafen ist kaum möglich. Dennoch gibt es eine Geschichte des Hauses, die nun in einer vereinfachten Form geschildert werden soll.
Alles begann in Hohloch, einem Dorf, nur wenige Kilometer nördlich von Rothenburg ob der Tauber gelegen. Hier befand sich die Stammburg Hohenloch, die die Hohenloher gegen Ende des 12. Jahrhunderts erbauten, und nach der sie sich nannten. Das edelfreie fränkische Geschlecht derer von Hohenlohe war damals begütert im alten Tauber- und Gollachgau. Mergentheim und das benachbarte Weikersheim gehörten mit zu ihren Besitzungen. Einer Urkunde von 1153 zufolge bezeichneten sich die Hohenloher zu dieser Zeit als die Herren von Weikersheim, bis sie ihre Stammburg Hohenloch bezogen.
Die Hohenloher, in den künftigen Generationen und Linien vom Weikersheimer Haus abstammend, waren den Staufern eng verbunden und prägten mit ihnen zusammen die Reichsgeschichte. Heinrich von Hohenlohe hatte fünf Söhne, von denen drei im Jahre 1219 in den Deutschen Orden eintraten. Gottfried von Hohenlohe, ein enger Vertrauter des Kaisers Friedrich II., und sein Bruder Konrad, Begründer der Linie Brauneck, setzten sich damals für den heranwachsenden König Konrad IV. ein und

Der Barockgarten von Weikersheim zählt zu den schönsten seiner Art in Süddeutschland. Um die Mitte des 12. Jahrhunderts bezeichneten sich die Hohenloher als die Herren von Weikersheim.

unterstützten später dessen Politik. Mit der Hinrichtung des Sohnes von Konrad IV., des jungen Konradins, erlosch das Haus der Staufer im Jahre 1268. In der ersten Hälfte des 13. Jahrhunderts erwarben die Hohenloher Langenburg, Neuenstein, Waldenburg und Öhringen. Damit wurde ihre Landeshoheit über die spätere Grafschaft begründet. In Gottfried von Hohenlohe (1219–1255) erwuchs im 13. Jahrhundert der Stammvater des heutigen Hauses Hohenlohe.

Das Schloß Neuenstein ist ein Renaissance-Schloß mit den typischen Architekturmotiven dieser Zeit. Besonders sehenswert sind die in diesem Stil ausgestatteten Räume und Säle. Im Archiv werden die wichtigsten Dokumente zur Geschichte des Hauses Hohenlohe aufbewahrt.

Die folgenden Jahrhunderte waren von heftigen territorialen Auseinandersetzungen gekennzeichnet. Besitzungen wurden geteilt, veräußert und neu erworben. Angehörige des Hauses ließen sich als Reichslandvögte in Städten wie Wimpfen oder Rothenburg nieder. Sie sind auch als Bischöfe von Bamberg, Würzburg und Passau oder als Hochmeister des Deutschen Ordens zu finden.

Zwischen dem 14. und 16. Jahrhundert entstanden neue gräfliche Linien und alte starben aus. Für die neuzeitliche Geschichte des Hauses Hohenlohe sind zwei wichtig, die Neuensteiner und die Waldenburger. Beide Häuser haben sich verzweigt, die Neuensteiner in die Linien Langenburg, Öhringen, Ingelfingen und Kirchberg, die Waldenburger in die Linien Bartenstein, Jagstberg und Schillingsfürst.

Der Dreißigjährige Krieg (1618–1648) verwüstete das Land und machte die auf evangelischer Seite stehenden Grafen größtenteils mittellos. Die Stammväter der heutigen Zweige Schillingsfürst, Bartenstein und Waldenburg traten zum katholischen Glauben über. Dagegen blieben die übrigen Gebiete und die Neuensteiner evangelisch.

Die territoriale Zersplitterung wurde erst durch den Reichsdeputationshauptschluß von 1803, der die Auflösung geistlicher Herrschaften, Reichs-

Der Schloßhof von Langenburg, von Arkaden und Galerien eingefaßt, trägt alle Merkmale der württembergischen Renaissance.

städte und kleinerer Fürstentümer vorsah, beendet. Hohenlohe umfaßte damals ein Gebiet von fast 1800 Quadratkilometern mit über 108000 Einwohnern. Der größte Teil der Grafschaften fiel an Württemberg, ein kleinerer an Bayern.

Für die Politik des Hauses Hohenlohe war es wichtig, die Grafschaft zusammenzuhalten, um gegen äußere Anfeindungen und inneren Zerfall gerüstet zu sein. So schuf man Institutionen, die den Interessen des gesamten Hauses dienen sollten. Die Einigung auf das Erbe regelten die Grafen durch Verträge. Ferner wurden kulturpolitische Institutionen eingerichtet wie u. a. das gemeinsame Archiv, das sich heute im Schloß Neuenstein befindet und die wichtigsten Dokumente zur Geschichte des Hauses aufbewahrt.

Das hohenlohische Erbe präsentiert sich besonders in den Schlössern Weikersheim, Neuenstein, Langenburg, Kirchberg und Schillingsfürst. Hier finden sich auch Dokumente zu den Grafen und Fürsten des Hauses Hohenlohe. Dies brachte nicht nur in der älteren Geschichte bedeutende Persönlichkeiten hervor, sondern auch im 19. und 20. Jahrhundert. Zu erwähnen wäre der Fürst Chlodwig zu Hohenlohe-Schillingsfürst (1819–1901), der von 1894 bis 1900 deutscher Reichskanzler war. Besonders aber muß man der Fürstin Maria von Thurn und Taxis-Hohenlohe (1855–1934) gedenken. Sie entfaltete im Schloß Duino bei Triest einen kulturellen Mittelpunkt des Habsburgerreiches. Einer ihrer bedeutendsten Gäste war Rainer Maria Rilke, der von der Fürstin gefördert wurde und Verse dichtete, die unter dem Namen „Duineser Elegien“ berühmt geworden sind.

Das Haus Hohenlohe brachte im Laufe seiner Geschichte bedeutende Persönlichkeiten hervor, wie beispielsweise Chlodwig Fürst zu Hohenlohe-Schillingsfürst (1819–1901), der von 1894 bis 1900 deutscher Reichskanzler war.

Eingekuschelt in den Hang des Schloßberges zeigt sich das nur wenige Kilometer von Rothenburg ob der Tauber gelegene Schillingsfürst zwischen hohen Bäumen mit vereinzelten Gebäuden und der Kirche. Oben thront das Schloß. Kaum zu glauben, daß diese Stadt reißbrettmäßig geplant werden sollte. Heinrich Schickhardt, württembergischer Hofbaumeister und berühmter Städteplaner, hatte einen Plan für die Stadt entworfen. Dieser kam jedoch aufgrund der Wirren des Dreißigjährigen Krieges, in dessen Verlauf unter anderem das Schloß zerstört wurde, nicht zur Ausführung.
Die heutige Schloßanlage, erbaut zwischen 1723 und 1750, stammt von dem Darmstädter Architekten Louis Remy de la Fosse. Man sollte es sich nicht nehmen lassen, über die steinerne Brücke, vorbei an einem schmiedeeisernen Tor, in den Ehrenhof des Schlosses zu schlendern. Besonders die Treppenhäuser und die Räume mit kostbaren Stuckarbeiten und französischen Gobelins sind sehenswert.

Zwischen 1586 und 1603 ließ Graf Wolfgang von Hohenlohe in Weikersheim eine mittelalterliche Wasserburg in ein prunkvolles Renaissanceschloß umwandeln. Aber nicht nur das Äußere wie beispielsweise der Treppenturm, der Südtrakt und die im Erdgeschoß durch Arkaden erweiterte Front vermittelt ein lebhaftes Bild der südwestdeutschen Variante der Renaissance, sondern auch die Innenräume. Neben dem prunkvollen Rittersaal mit der Kassettendecke von dem Architekten Elias Gunzenhäuser sind es die Privatgemächer des Schlosses, die gerne besucht werden. Dazu gehört das Schlafgemach der Gräfin Elisabeth Frederike Sophie von Hohenlohe-Weikersheim (1691–1758). Die intarsierten Bilder mit Pastoral-Motiven in der Fensterwand und in der Tür zählen zu den besonderen Kostbarkeiten des Schlosses. Das barocke Prunkbett mit Rocailleornamenten und Eroten verziert dominiert den Raum. Die Wiege mit dem gräflichen Wappen darf ebensowenig fehlen, wie die Schminkkommode und das Teetischchen. Elegant nehmen sich die Seidentapeten mit den goldenen Streifen aus, die in einem harmonischen Kontrast zur klassizistisch stuckierten Decke stehen.

Das stolze Schloß Neuenstein ist ein Kleinod in der deutschen Schlösserlandschaft. Die Treppentürme und die Giebelverzierungen stehen für die typische Bausprache der württembergischen Renaissance. Im Jahre 1557 bat Graf Ludwig Casimir die Stadt Heilbronn, den Baumeister der berühmten Kilianskirche, Balthasar Wolff, nach Neuenstein zu entsenden. Graf Philip, der Sohn Ludwig Casimirs, ließ dann bis zum Ende des 16. Jahrhunderts die Innenräume ausgestalten.
Hauptattraktion ist neben der schönen Gartenanlage auch das Tor mit ungewöhnlichen Ornamenten. Vermutlich stammt es von dem Baumeister Georg Kern, der im Dienst des Grafen Kraft von Neuenstein kurz nach 1610 die südliche Galerie erbaute. Im Obergeschoß ließ der Graf einen Tanzsaal einrichten, weswegen dieses Gebäude auch „Lusthaus“ genannt wurde.
Im 18. Jahrhundert war das Schloß ein Zentrum von Wohltätigkeitsveranstaltungen des gräflichen Hauses. Es wurde als Waisen- und Altersheim genutzt. Später, Ende des 19. Jahrhunderts, richtete man dort das Familienmuseum ein. Daraus entstanden in unserem Jahrhundert das Hohenlohe- Museum und das Hohenlohe-Zentralarchiv mit wertvollen Dokumenten zur Geschichte des Grafenhauses.

Das Jagsttal ist ein Tal der Überraschungen. Folgen wir dem Lauf des Flusses, dann bietet fast jede Flußschleife Aus- und Einblicke in idyllische Landschaften und intime Orte. Mal ist es ein verstecktes Dorf, mal ein Schloß auf der Höhe. Lang hingelagert auf dem Bergsporn liegt die Stadt Langenburg mit der markanten Schloßsilhouette. Das imposante Gebäude mit den mächtigen Ecktürmen und dem zierlichen Renaissancegiebel scheint aus dem Wald emporzuwachsen.
Graf Philipp Ernst ließ zu Beginn des 17. Jahrhunderts die Burg in ein Renaissanceschloß umbauen. Bis zum heutigen Tage residiert dort die Linie Hohenlohe-Neuenstein-Langenburg. 1756 ließen die Grafen den Ostflügel umbauen. Ein Brand im Jahre 1963 verwüstete diesen Trakt und Teile des Nordbaus. Restauratoren und Architekten sorgten für einen originalgetreuen Wiederaufbau. Stadt und Schloß bilden eine malerische Einheit. Vom Schloß führt die Straße auf dem Bergrücken entlang in das Städtchen. Das Renaissancehaus mit den Staffelgiebeln und den beiden Stadttoren rundet das Bild einer noblen und zugleich intimen Residenzstadt ab.

Die Solstetter saßen seit neun Jahrhunderten tief in einem Talkessel der Muhr, die es als ein bescheidener Neckarzufluß im hohenlohischen Muschelkalk seit dem Diluvium nicht weiter gebracht hatte als zu einer schmal eingesägten, eng gewundenen Rinne. Dort drunten lag Solstett, und weil zum Liegen kein Platz war, klammerte sich die Stadt an die Talwände, vielfältig verstäubert in Terrassen- und Stützmauersystemen, die so kompliziert waren wie die Besitz- und Nutzungsverhältnisse ihrer Bürger an der salzhaltigen Quelle im Talboden."

So beschreibt Oliver Storz in seinem 1986 erschienenen einfühlsamen Roman „Die Nebelkinder" das vom Kocher durchfurchte Tal von Schwäbisch Hall. Solstett, die Salzstadt – so heißt Schwäbisch Hall, die eng zwischen die Steilwände gezwängte Treppenstadt in den „Nebelkindern". Die Muhr, das ist der Kocher, der in umständlichen Windungen von Aalen herkommend dem Neckar entgegenströmt. Gleich hinter Gaildorf mit seinem fachwerkverzierten Renaissance-Wasserschloß fließt der Kocher in das Haller Becken und läßt sich im „Rosengarten" durch das aus den Waldenburger Bergen südwärts herbeiströmende Flüßchen Bibers verstärken. Bis zum Jahre 1803 war Rosengarten noch ein althällisches Amt. Heute sind kleine Dörfer wie Rieden oder Tullau eingemeindet.

Das romantische Kochertal – hier bei Geislingen – überrascht immer wieder mit malerischen Aussichten.

Ein Sprung aus dem Kochertal hinüber in das Bibertal nach Rieden ist lohnend. Auf einem Muschelkalkfelsen hoch über dem Fluß erhebt sich die ehemalige Wallfahrtskirche St. Marien, die neben der Haller Michaelskirche zum bedeutendsten mittelalterlichen Sakralbau der Region gezählt wird. Am Südportal ist der Baubeginn des Gotteshauses verzeichnet: 1436. Kurz zuvor hatte man ein Tonkreuz aufgefunden, dem man wundertätige Wirkungen zuschrieb. Wallfahrten und später der Kirchenbau waren die Folge.

Neben einer ungewöhnlich reichhaltigen Ausstattung fällt der Hochaltar ins Auge. Mit seinem filigran verzweigten Sprengwerk füllte er den gesamten Chor aus. Unter Baldachinen stehen die Apostelfürsten Petrus und Paulus.

Die imposante Konstruktion der Autobahnbrücke über das Kochertal bei Geislingen vermag die Idylle der einsamen Gegend kaum zu stören.

Sie flankieren die Gottesmutter, die auf einer Mondsichel steht. Die Außenseiten der Altarflügel mit Szenen aus dem Marienleben sind wohl in der Werkstatt des Nürnbergers Michael Wolgemut zu Beginn des 16. Jahrhunderts entstanden.
Viele einzigartige Kunstschätze lassen sich im Verborgenen auffinden. Wenn Oliver Storz in seinen „Nebelkindern“ vom „unberühmten Fluß“ Muhr, also dem Kocher spricht, wie soll man dann die Bibers bezeichnen? Der Hochaltar in der Riedener Marienkirche aber verleiht dem Flüßchen die Bedeutung eines großen Stroms.
An der Comburg vorbei schlängelt sich der Kocher in das Stadtgebiet von Schwäbisch Hall. Aber aufgepaßt! In Tullau, das zur Gemeinde Rosengarten gehört und schon im 11. Jahrhundert urkundlich erwähnt wurde, steht die spätmittelalterliche Wolfgangskirche mit vier Altären, von denen einer um 1510 in Hall entstanden ist. Im eleganten Hüftknick, so als ob sie demütig unter dem Baldachin hervorschreiten wollten, präsentieren sich die Heiligen Wolfgang und Nikolaus. Oben im Gesprenge erscheinen der Schmerzensmann und unten in der Predella das Szenarium der Passion.
Der romantische Eindruck des Kochertals wird nicht allein durch seine sakralen Schätze hervorgerufen. Obwohl versteckte Preziosen sicherlich zum idyllischen Gesamtbild beitragen, sind es doch vorwiegend die landschaftlichen Reize, die das Herz erwärmen. Mich hat immer wieder beeindruckt, wie selbstvergessen der Kocher durch seine Stadt fließt, um schon kurz nach den letzten Gebäuden sein Tal ganz für sich in Anspruch zu nehmen. In einer weiten Schleife nähert sich der Fluß der kleinen Ortschaft Gelbingen, um sofort wieder umzukehren, sich dem gegenüberliegenden Sülz zu nähern und in einem weiteren kühnen Schwung ein zweites

Das Künzelsauer Schloß, im Nordosten der Stadt gelegen und auf den Resten der Burg Bartenau um 1680 erbaut, war früher im Besitz der Hohenloher.

Mal auf Gelbingen zuzuhalten. Unterhalb von Erlach versteckt sich der Fluß zwischen Waldstücken und Buschwerk, um bald, wieder durch das freie Feld fließend, Untermünkheim zu erreichen.
Nun folgt ein zauberhafter Abschnitt: Zunächst wölben sich rechter Hand Wiesen auf. Kühe weiden. Die Dörfer kennen noch keine Neubausiedlungen, sondern träumen im Mittagsdunst vor sich hin. Panstimmung im Sommer, und im Winter, wenn der Nebel durchs Tal zieht, denkt man an Burgruinen und Gespenster.
Zwischen Untermünkheim und Geislingen gehört das malerische Tal noch ganz dem Kocher. Doch dann, wie mit dem Lineal gezogen, durchtrennt ein riesiger Balken den Himmel. Pfeiler, viel höher als Kirchtürme, über 170 Meter hoch, ragen auf und stützen die monströsen Stahlbetonplanken, auf denen die Autobahn ostwärts nach Nürnberg und westwärts Richtung Mannheim verläuft. Die Idylle jedoch bleibt. Sie wirkt viel nachhaltiger als die zugegebenermaßen imposante Brückenkonstruktion.

Ingelfingen am Kocher gehört zu den berühmten Weinorten an der Kocherschleife bei Künzelsau. Man sollte Höhe gewinnen, um dann einen Blick auf das romantische Städtchen zu werfen.

Doch schon am Zufluß des Grimmbachs ist das Bauwerk vergessen. Der Kocher passiert jetzt das ehemalige limpurgische Braunsbach mit seinem mittelalterlichen Schloß, das im 16. und im 19. Jahrhundert erweitert und erneuert wurde. Dann folgen wieder beeindruckende einsame Landstriche. Viele Kilometer kein Dorf, kein Haus.
In Kocherstetten sollte man das Tal verlassen, die Höhe gewinnen und dem Schlößchen Stetten einen kurzen Besuch abstatten, das noch heute von den Nachfahren seiner Erbauer bewohnt wird. In der Burgkapelle lassen sich gerne junge Paare trauen.
Über Mäusdorf und Kügelhof halten wir dann auf Künzelsau zu und lassen uns von dem einmaligen Panorama beeindrucken. Weit schweift der Blick über das Hohenloher Land bis hin zu den Waldenburger Bergen. Mühelos wird man in der Ferne die Waldenburg ausmachen können.
Hinter Künzelsau verändert sich die Landschaft des Kochertals. Hoch ziehen sich die terrassierten Hänge in den Himmel. Bis Ingelfingen und Niedernhall glaubt man sich an eine Mosel- oder Mainschleife versetzt. Dicht an dicht stehen die Weinstöcke dieses kleinsten, aber feinsten Weinanbaugebiets Baden-Württembergs.
Viel wäre noch zu berichten über weitere historisch interessante Kocher-Gemeinden und idyllische Auen. Wer Überraschungen liebt, wird auf seine Kosten kommen. Viele Windungen sind noch zu erkunden, bis sich der Fluß bei Bad Friedrichshall dem Neckar anvertraut.

Das Götzenhaus am Ortseingang von Niedernhall am Kocher ist nicht authentisch. Möglicherweise war der Vorgängerbau das der Herren von Neuenstein, wo der Ritter Götz von Berlichingen ein Jahr seiner Kindheit verbracht haben soll.

Das Museum Würth in Künzelsau, Ortsteil Gaisbach, wartet mit einer bedeutenden Sammlung zeitgenössischer Kunst auf. Sehenswert ist ebenfalls die Sammlung von Schrauben und Gewinden, die einen ungewöhnlichen Einblick in die Industriegeschichte des Landes vermitteln.

Auch Niedernhall leitet seinen Namen wie Schwäbisch Hall, das sich früher Oberhall nannte, vom Salz ab, das hier gewonnen wurde. Im Jahre 1037 wurde das Städtchen zum ersten Mal erwähnt und gelangte im Jahre 1317 durch Erbschaft an die Grafen von Hohenlohe. Die lauschige Kochergemeinde wird heute gerne wegen der größtenteils wiederhergestellten Stadtmauer aufgesucht. Aber auch das spätgotische Fachwerkrathaus aus dem Jahre 1477 ist sehenswert. Die Schöntalische Kelter, die ein prachtvolles Hoftor aufzuweisen hat, ist im frühen 18. Jahrhundert entstanden. Ob tatsächlich das sogenannte Götzenhaus auf den Berlichinger zurückgeht, ist fraglich. Im Vorgängerbau soll der Ritter einige seiner Kindheitsjahre verbracht haben. Auf jeden Fall handelt es sich hier um ein bemerkenswertes Fachwerkgebäude mit interessanten Bemalungen der Gefache aus dem Jahre 1572.

Welchem Fluß soll man den Vorzug geben? Der Jagst, der stillen Schönen, oder dem spektakulären Kocher? Manchmal begibt sich der Reisende gern in die Idylle des Jagsttals und meidet die historischen Höhepunkte, die der Kocher zu bieten hat. Dann wieder lockt das städtische Ambiente Schwäbisch Halls, und schnell ist man bereit, den Kocher zu Ehren kommen zu lassen. Oder doch lieber ein Stündchen an der Jagst verbringen, um den Blick hinauf nach Langenburg zu suchen und ins Träumen zu geraten? Träumen läßt es sich allerdings auch am Kocher bei Forchtenberg. Hier steht die alte Mühle aus dem 18. Jahrhundert. Ihr filigranes Fachwerk bildet einen lebhaften Kontrast zur zarten Struktur der Äste und Blätter des Busch- und Baumwerks, das den Lauf des Flusses begleitet.

Zu den Höhepunkten eines Aufenthalts im Hohenloher Land gehört zweifellos ein Spaziergang in der Rebenlandschaft, die den Kocher bei Ingelfingen begleitet. Sanft steigen die Hügel an und bieten den Weinstöcken einen zum Gedeihen der Reben optimalen Sonneneinfall. Von hier oben läßt sich das Städtchen betrachten. Die spätgotische Stadtpfarrkirche mit dem romanischen Turm, der einen Fachwerkaufsatz trägt, ist unübersehbar. Gleich in der Nähe die Mansarddächer des Schloßkomplexes, der über mehrere Etappen im 18. Jahrhundert erbaut wurde. Ein Weg hinab in die Stadt, die wohl nicht zu Unrecht von Historikern als „Miniaturanlage einer typischen Residenzstadt" ausgezeichnet wurde, ist schnell gefunden. Die Kirche lädt zu einem Besuch ein. Der Innenraum wurde 1976 vorbildlich restauriert. Das Netzrippengewölbe im Chor und die Glasmalereien aus dem mittleren 15. Jahrhundert gehören zu den älteren Teilen der Kirche. Das Langhaus mit seinen monumentalen Säulen ist das Ergebnis eines spätbarocken Umbaus.

Stadtluft macht frei!" Dieser bekannte Rechtssatz stammt aus der Zeit der mittelalterlichen Städtegründungen. Wem es gelang, mit seinem Hab und Gut in der Stadt eine Bleibe zu finden, ohne innerhalb einer Jahresfrist von seinem Grundherrn belangt zu werden, der war und blieb frei. Wie viele andere Städte in Deutschlands Südwesten war auch Schwäbisch Hall eine Gründung der Staufer. Im Jahre 1156 erhielt der Ort anläßlich der Weihe der Michaelskirche von Kaiser Friedrich Barbarossa Stadtrechte. Bereits zur Zeit der Kelten war die Saline, die der Stadt ihren Namen gab, bekannt. In Urkunden aus dem 11. Jahrhundert tauchte erstmals die „Villa halle superior" auf, die „Obere Salzstadt" oder „Oberhall", das von einem „Villa halle inferior" (Niedernhall) unterschieden werden sollte. Archäologen gruben die Salzsiedeanlagen mit Holztrögen und Tonnenwannen aus. König Konrad III. ließ die Stadt dann weiter ausbauen und später eine königliche Münze einrichten. Die aus Hall stammenden Silberpfennige, nach dem Namen der Stadt „Häller" oder „Heller" genannt, fanden weite Verbreitung. Da die Staufer sowohl im Fränkischen als auch im Schwäbischen mit Orten namens „Hall" begütert waren, unterschieden sie die Ortsnamen entsprechend. Doch offiziell nahm die Stadt erst im 15. Jahrhundert den Namen „Schwäbisch Hall" an. Weitere 500 Jahre mußten vergehen, bis das „Schwäbisch" dann auch im Jahre 1934 amtlich zum Stadtnamen „Hall" hinzutrat.

Wer heute vor der Stadt steht und das heitere Spiel der Fachwerkgiebel, Gauben und Dächer beobachtet, glaubt, die Zeit sei stillgestanden. Die stolze Stadt präsentiert sich fast unverfälscht in ihrer spätmittelalterlichen Würde. Romantisch herb nimmt sich der Teil mit dem Sulfertor, dem Sulfersteg und den Gebäuden am Kocher aus. Viele der stämmigen Steinhäuser sind lediglich im Giebelteil mit Fachwerk verziert. Fränkische und alemannische Stützelemente wie der „Halbe Mann" oder das gezackte und geschwungene Kreuz tragen zum lebhaften Eindruck der Giebelfront bei. Durch die Steinunterbauten wird der wehrhafte Charakter betont. Hall war standhaft und stark. Nach dem Untergang der Staufer im 13. Jahrhundert vermochten die Schenken von Limpurg, die Edelherren von Hohenlohe und die Bischöfe von Würzburg nicht, die Selbstständigkeit Halls zu Fall zu bringen. Bis zum Jahre 1512 regierte der aus der staufischen Ministerialenschicht hervorgegangene Stadtadel. Davon zeugen heute noch Reste der mittelalterlichen Adelstürme. Die im Jahre 1240 entstandene Keckenburg in der Unteren Herrngasse, ein turmartiges Steinhaus mit einem jüngeren Fachwerkaufsatz, ist hier besonders hervorzuheben. Heute birgt es in seinen Räumen das Hällisch-Fränkische Museum, das wir gleich noch besuchen werden. Aber auch das Sulmeisterhaus im Steinernen Steg oder das Clausnitzerhaus am Markt sowie der Malefizturm am Säumarkt dürfen als Zeichen der alten Haller Hoheit nicht unerwähnt bleiben.

Durch seine erhöhte Lage und sein herrschaftliches Aussehen aber beherrscht das Große Büchsenhaus, der sogenannte „Neubau", das Stadtbild. Die Dachlandschaft der Stadt scheint zwischen dem weit in die Höhe gezogenen Satteldach des „Neubaus" mit den vielen Gauben und dem Turm der

Vom Sulfer Steg in Schwäbisch Hall hat man einen herrlichen Blick auf die Altstadt mit dem emporragenden Großen Büchsenhaus, das 1505–1533 als Büchsen- und Zeughaus errichtet wurde und heute als Stadthalle dient.

ehrwürdigen Michaelskirche eingespannt zu sein. Wenn man diese heutige Ansicht mit einer Vedute aus dem 17. Jahrhundert vergleicht, dann sind die Unterschiede nicht einmal so groß. Das städtische Ensemble ist weitgehend erhalten geblieben.
Der Reichtum Halls beschränkte sich natürlich nicht allein auf den Adel. Wie bereits erwähnt, regierte bis 1512 der alteingesessene Adel, dann wurde er in der sogenannten „Dritten Zwietracht" aus der Stadt vertrieben.
Was mag hinter dieser merkwürdigen Bezeichnung stecken? Im 16. Jahrhundert kam es zu ständigen Auseinandersetzungen zwischen den „Geschlechtern", den Patriziern, und den zu Reichtum gelangten Zünften. Im genannten Jahr rief der Stättmeister Hermann Büschler die Salzsieder und die Zünfte der Handwerker zusammen, bewaffnete sie und führte sie siegreich gegen den Stadtadel. Ein neuer Stadtrat wurde gebildet und regierte fortan Hall. Zehn Jahre später berief der Rat den Prediger Johannes Brenz als Stättmeister, der bis zum Jahre 1534 die Reformation durchführte.
Wer heute über den Roten Steg zum „Grasbödele" und weiter über den Sulfersteg zum Haalplatz, von den Einwohnern kurz „Haal" genannt, schlendert, durchstreift jene Gegend, wo die städtischen Konflikte immer wieder zu eskalieren drohten. Der Haalplatz ist von alten Fachwerkgebäuden umgeben. In einem dieser Gebäude war das Gericht untergebracht, in dem man oftmals vergeblich versuchte, die Streitereien zu schlichten. Kein Wunder, daß man sich nicht einig wurde – an der Solquelle waren mehr als 100 Anteilseigner beteiligt.
Steil verlaufen die Gassen vom Haal hinauf zum Marktplatz. Die Haalstraße führt uns zum Keckenhof, wo gleich rechts die Reste eines mittelalterlichen Adelsturms aufragen. Am Ende der Gasse erhebt sich die Keckenburg, in deren Mauern das bereits erwähnte Hällisch-Fränkische Museum untergebracht ist.
Seit 1988 sind die Räume dieses ungewöhnlich anschaulichen Museums der Öffentlichkeit zugänglich. Seine Tradition aber reicht weit zurück in das 19. Jahrhundert. 1847 wurde der „Historische Verein für Württembergisch Franken" gegründet. Vier Jahre später begannen Kunstliebhaber mit dem Aufbau einer Sammlung von „Altertümern", die zum ersten Mal 1856 im Künzelsauer Schloß gezeigt wurde. Seit 1872 wurde dann in Schwäbisch Hall eine ständige Ausstellung eingerichtet.
Diese lange Sammlungsgeschichte läßt auf einen qualitätvollen Bestand schließen. Abgesehen von den Exponaten zur Vor- und Frühgeschichte ist

Die „Kocherpartie" von Schwäbisch Hall, wo sich auch der Rote Steg befindet, zählt zu den besonders reizvollen Teilen der Stadt.

Der Stich zeigt den Reformator Johann Brenz, der vom Haller Stadtrat zum Stättmeister berufen wurde und dieses Amt bis zum Jahre 1534 ausübte.

hier die mittelalterliche Siedlungsgeschichte ausführlich dokumentiert. Seitdem die Franken sich im 6. Jahrhundert im Hohenloher Raum niederließen, entstanden in den nachfolgenden Jahrhunderten Burgen, Klöster und Gehöfte. Viele archäologische Funde wie ein romanischer Spielstein mit der Darstellung eines springenden Hasen oder eine Sammlung spätmittelalterlicher Keramik aus der Comburg dokumentieren die Alltagsgeschichte.

Von besonderem Interesse ist das „dynamische Stadtmodell" von Schwäbisch Hall, das die urbane Entwicklung bis zum Stadtbrand von 1728 zeigt. Lichtprojektionen sorgen für die Veranschaulichung der wechselnden städtischen Grundrisse. Ferner werden topographische Details wie das mittelalterliche Fernstraßensystem, Marktstätten oder kirchliche Gebäude besonders hervorgehoben. Daß sogar

Auf dem weiten Marktplatz unterhalb der Treppe, die zu St. Michael hinaufführt, breiten sich an Markttagen die bunten Schirme der Stände aus.

die Führung der heutigen Durchgangsstraßen dazuprojiziert werden kann, läßt den mittelalterlichen Stadtkern plastisch und fast schon authentisch im heutigen Gefüge der Straßen und Gassen aufleben.

Hans Schreyers Wappentafel von 1643 mit einer Vedute der Stadt von Südwesten aus veranschaulicht die bauliche Situation der Altstadt vor dem verheerenden Brand von 1728, dem zwei Drittel der Gebäude zum Opfer fielen. Nur der Wohnbezirk der Adligen des Mittelalters, der Bereich der Herrngasse, und das östliche Viertel um St. Michael blieben vom Feuer verschont.

Hall war eine reiche Stadt. Die Wirtschaft blühte, und so gelang es den Bürgern, ihre Stadt schnell wieder aufzubauen. Das 18. Jahrhundert war das Jahrhundert des Barock, so daß nicht nur neuartige Gebäudetypen, sondern auch Straßensysteme entstanden. So wählte man eine neue geradlinige Verbindung vom Marktplatz zur Kocherbrücke, die Neue Straße, und löste damit das alte verwinkelte Gassensystem ab.

Auf der steilen Treppe, die zur Kirche St. Michael hinaufführt, schweift der Blick über den Marktplatz. Der starke Kontrast zwischen der noblen barocken Pracht und der fast intim wirkenden Fachwerkwelt ist auffallend. Doch in Schwäbisch Hall verbindet sich das eine harmonisch mit dem anderen. Die Nordseite des Marktplatzes vereint den Renaissancebrunnen mit der barocken Prunkfassade des Stierschen Hauses und dem erkerverzierten Fachwerkbau des Hotels Adler, in dem sich früher auch die alte Gerichtshalle von 1510 befand. Hier, zwischen dem Hotel Adler und dem anschließenden Ratskeller, im Bereich des alten Königshofs, verläuft die Brandmauer. Um 1250 entstand an dieser Stelle der Turm des Stadtschultheißen, dem später das sogenannte Büschlerhaus, ein mächtiger Steinbau, angefügt wurde. Vom Stättmeister Konrad Büschler d. J. ist übrigens ein Bildnis überliefert. Das aus dem Jahr 1579 stammende Gemälde hängt im Museum.

Die Kreidelithographie aus dem Jahre 1851 von Bonaventura Weiß zeigt Eduard Mörike, der 1844 in der Herrngasse in Schwäbisch Hall wohnte.

In der West-Ost-Achse der Kirche erhebt sich, selbstbewußt und fast schon sakralen Ambitionen trotzend, das Rathaus – barockes Widerspiel zum romanischen Kirchturm von St. Michael. Der Bau wurde wenige Jahre nach dem Stadtbrand zwischen 1732 und 1735 von Eberhard Friedrich Heim und dessen Onkel Johann Ulrich Heim ausgeführt. Wäre da nicht der Turm mit der filigranen Zwiebelhaube, könnte man an ein französisches Stadtpalais denken. Der leicht vorgewölbte Mitteltrakt mit gesprengten und umgekehrt gesprengten Segmentgiebeln – letztere sind V-förmig wie Flügel gestaltet – wird von zweiachsigen Seitenrisaliten flankiert, deren Ecken durch ionische Pilaster betont werden. Ein Mansarddach mit volutenverzierten Gauben schließt das Gebäude ab.

Der Westturm von St. Michael, dessen Untergeschosse in der Romanik erbaut wurden, steht im spannungsreichen Dialog mit dem barocken Rathausturm (oben). Der 1470 in Antwerpen geschnitzte Hochaltar von St. Michael weist einen „volkreichen Kalvarienberg" im Stil der flämischen Meister auf (unten).

Im Innern setzt sich die noble Note fort. Leider wurden die von Livio Retti gemalten Wand- und Deckenfresken in den letzten Tagen des Zweiten Weltkriegs zerstört. Das Treppenhaus und das Vestibül mit den Statuen der Justitia und Prudentia von Emmanuele Pighini und Tommaso Gavoni zeugen dagegen heute noch von der städtischen Vornehmheit des bis 1955 wiederaufgebauten Rathauses.

Zurück ins Museum! Die Betrachtung des Stadtmodells und der Schreyerschen Vedute hat uns eben auf die große Treppe des Marktplatzes aufmerksam gemacht. Bevor wir unsere Schritte zur Michaelskirche lenken, sollten wir noch einen Blick in den Raum zur mittelalterlichen Frömmigkeit werfen, um uns vom hohen Rang der spätgotischen Bildhauerkunst in Hall überzeugen zu lassen. Die Pietà aus St. Michael fällt sofort ins Auge. Die um 1330 entstandene Holzskulptur mit der Darstellung des toten Christus auf dem Schoß seiner weinenden Mutter gehört zu den frühesten dieses Typus in Deutschland. Aus derselben Kirche stammt der Palmesel auf Rädern, der Christus auf dem Esel beim Einzug in Jerusalem zeigt und bei Palmsonntag-Prozessionen durch die Straßen gezogen wurde. Die feingliedrige Skulptur dürfte um 1510 entstanden sein. Der großzügig angelegte Faltenwurf und die sublime Gestaltung der Physiognomie des Herrn verweisen auf eine Würzburger Werkstatt, möglicherweise die des Tilman Riemenschneider, zumindest aber eine aus seinem Umkreis.

Wenn wir, ganz vom Geist des Mittelalters erfüllt, das Museum jetzt verlassen, spazieren wir über die Obere Herrngasse am Haus Nr. 7 vorbei, wo 1844 der schwäbische Dichter Eduard Mörike wohnte, gelangen auf den Marktplatz und über die große Freitreppe, die sommers für Freilichtspiele genutzt wird, hinauf zur Michaelskirche.

Der mächtige Westturm mit Blendbogenfries und rundbogigen Schallarkaden ist um 1170 entstanden und zeugt noch vom ersten Bau der Basilika, die

Der Innenraum von St. Michael beeindruckt durch seine hoch aufgerichteten Pfeiler, die dem spätgotischen Netzgewölbe entgegenstreben.

mit einem halbrunden Chor und zwei flankierenden Osttürmen versehen war. Die Weihe wird auf das Jahr 1156 datiert. 300 Jahre später wurde das Langhaus neu erbaut, und ein weiteres halbes Jahrhundert mußten die Haller Bürger warten, bis der Chor vollendet war.

Die Besucher und Gläubigen durchmessen zwei Epochen, die Romanik und die Gotik, wenn sie die Vorhalle des Turms und das abgetreppte Säulenportal betraten und weiter bis zum Hochaltar schreiten. Der Innenraum ist beeindruckend. Das Netzgewölbe spannt sich über die Pfeiler und weitet sich bis in die Seitenschiffe aus, die auf gleicher Höhe liegen wie das Mittelschiff. Dieser Hallenkirchentypus verrät den Einfluß der Parler-Bauhütte. Der Meister des Langhauses ist unter dem Namen Konrad bekannt. Er stammte aus Nürnberg und hatte dort an der Frauenkirche gearbeitet. Hans von Urach und dessen Schwiegersohn Konrad Schaller waren die Baumeister des Chors und stammten aus der Bauhütte des Heiligkreuzmünsters von Schwäbisch Gmünd, des schwäbischen Hauptwerks der Parler.

Den europäischen Handelsbeziehungen der Haller ist es wohl zu verdanken, daß der vermutlich 1470 in Antwerpen geschnitzte Hochaltar in die Michaelskirche gelangte. Im Schrein setzte der Künstler ganz nach dem Muster des flämischen „volkreichen Kalvarienberges“ über 50 Figuren in Szene, die sehr anschaulich das Passionsgeschehen illustrieren. Das bekrönende Kruzifix aber stellt ein Hauptwerk der schwäbischen Schnitzkunst dar. Der Ulmer Michael Erhart hat es 1494 geschaffen und signiert.

Wir stehen wieder auf der Freitreppe vor der Kirche und lassen noch einmal dieses einzigartige Szenarium mittelalterlicher und barocker Gebäude um uns kreisen. In den Dämmer- und Nachtstunden der beliebten Theateraufführungen sind es nicht nur die Schauspieler, die vor einer grandiosen Kulisse agieren. Auch die Zuschauer, in dasselbe städtische Ambiente eingebunden, haben teil am theatralischen Ereignis.

Vielleicht ist uns beim ersten Spaziergang über den Marktplatz der Markt- oder Fischbrunnen als solcher gar nicht ins Auge gefallen, obwohl er es verdient hätte. Es handelt sich hier um einen für unsere Breiten eher ungewöhnlichen Typus, nämlich um einen Wandbrunnen. Von den Hallern wird er als die besondere Zierde der Stadt hervorgehoben. Er entstand im Jahre 1509. Hans Beyscher gestaltete die Plastiken der drei biblischen Tier- und Dämonenbezwinger Simson, Michael und Georg. Heute stehen wir vor Repliken, die Originale sind im Museum zu bewundern.

Der Markt- oder Fischbrunnen wird dem Typus des gotischen Wandbrunnens zugeordnet, der in unseren Breiten eher selten ist. Im Hintergrund ragt der Schandpfahl auf.

Zu den mittelalterlichen Gebäuden Schwäbisch Halls bildet die moderne Architektur des Gebäudes der Bausparkasse Schwäbisch Hall AG einen interessanten Kontrast. Allen Besuchern des Hauses stehen sowohl die umfangreiche Kunstsammlung – hauptsächlich von jungen Künstlern und Künstlerinnen aus Baden Württemberg – als auch die zahlreichen Autorenlesungen, Vorträge, Konzerte und Ausstellungen offen.

Unübersehbar ist auch der Pranger, der an exponierter Stelle über der Brunnenwand aufragt. Am Schandpfahl hängen die Halseisen. Wenn man von hier aus die nach dem Stadtbrand neu angelegte Neue Straße hinuntermarschiert, gelangt man zur Henkersbrücke. Ein paar Meter weiter rechts, in der Salinenstraße, die den Kocher begleitet, befindet sich der mittelalterliche Diebsturm. Damit hätten wir den Schattenbereich zwischen Pranger, Galgen und Gefängnis abgeschritten und verlassen an dieser Stelle den alten Stadtkern und spazieren hinauf zur Gelbinger Vorstadt, die wir durch das Badtörle betreten.
Unübersehbar ragt der Josenturm mit seinem Fachwerkaufsatz von 1680 in die Höhe. Nicht weit entfernt steht das Gerätehaus aus dem Jahre 1605, ein stattlicher Renaissancebau mit zierlichen fränkischen Fachwerkmotiven.
Die Gelbinger Gasse führt wieder zurück zum Marktplatz und wartet noch mit weiteren Prachtbauten auf wie dem im Jahre 1680 errichteten Engelhardtbau. Schließlich erreichen wir den Säumarkt mit seinem gleichnamigen Turm von 1250. Ein paar Schritte entfernt steht der etwas ältere Malefizturm. Damit befinden wir uns wieder im mittelalterlichen Zentrum dieser liebenswerten und an Eindrücken so reichen Kreisstadt, der ehemaligen Reichsstadt, der „Villa halle", deren Solquelle ausschlaggebend für die erste Ansiedlung und ihren späteren Reichtum war.
Wackershofen, nur ein paar Kilometer westlich von Schwäbisch Hall gelegen, wartet mit einer Überraschung auf, dem Hohenloher Freilandmuseum. Wer sich eine Vorstellung von der Gestaltung des Alltags im Lauf der Jahrhunderte machen möchte, sollte dieses weiträumige Areal unbedingt aufsuchen. Etwa 40 Gebäude vermitteln Einblicke in die unterschiedliche Lebensweisen der Menschen. Bauernhaus, Seldner- und Armenhaus sowie Kelter und Schafscheuer laden die Besucher ein. Die besondere Attraktion: das Getreidelagerhaus aus Kupferzell. Auch das traditionelle Backofenfest, das alljährlich am letzten Septemberwochenende stattfindet, sollte nicht versäumt werden.

In Wackershofen bei Schwäbisch Hall sollte das Freilandmuseum besucht werden – besonders, wenn das Backofenfest, das jährlich am letzten Septemberwochenende stattfindet, gefeiert wird.

Schwäbisch Hall, die Salzstadt, die sich eng zwischen die Steilwände des vom Kocher durchfurchten Tals zwängt, bietet eine Fülle von Sehenswürdigkeiten. Der Josenturm in der Gelbingergasse mit seinem hübschen Fachwerkobergeschoß, der barocke Rathausturm mit seiner lichten Haube, der romanische Turm mit Doppelschallarkaden und dem Oktogonaufsatz von St. Michael und schließlich der die ganze Stadt überragende sogenannte „Neubau", das herrschaftliche „Büchsenhaus", prägen die unverwechselbare Stadtsilhouette. Es ist ein Vergnügen, durch die Gassen und Straßen zu schlendern. Gemütliche Gasthäuser oder Cafés auf dem Platz vor der großen Treppe, die zur Michaelskirche hinaufführt, laden zum Verweilen ein.

Ein Gang entlang dem Kocher über die kleinen Brücken zu den Kocherinseln Grasbödele oder Großer Unterwöhrd sollte unbedingt auf dem Programm einer Stadtbesichtigung stehen. Hier erlebt man ganz besonders intensiv die unvergleichliche Fachwerkparade Schwäbisch Halls. Über den Sulfersteg gelangen wir zum Haalplatz, von den Einwohnern kurz „Haal" genannt. Auch dieser Platz ist von alten Fachwerkgebäuden umgeben, von denen eines früher das Gericht beherbergte. Schließlich gelangen wir zur Henkersbrücke – nomen est omen – und von dort über die den Kocher begleitende Salinenstraße zum mittelalterlichen Diebsturm. Oben auf dem Marktplatz erhebt sich unübersehbar der Pranger, der an exponierter Stelle über der Brunnenwand aufragt.

Das Rathaus von Schwäbisch Hall wird zu den schönsten seiner Art in Deutschland gezählt. Stolz und sich fast schon wie ein barockes Widerspiel zum romanischen Kirchturm von St. Michael präsentierend, mutet es wie ein französisches Stadtpalais an. Vieles an dem von dem Baumeister Eberhard Friedrich Heim und dessen Onkel Johann Ulrich Heim zwischen 1732 und 1735 wenige Jahre nach dem Stadtbrand errichteten Bau erinnert an die noble französische Form: der leicht vorgewölbte Mitteltrakt mit gesprengten und umgekehrt gesprengten Segmentgiebeln – letztere sind V-förmig wie Flügel gestaltet –, die zweiachsigen Seitenrisalite und die ionischen Pilaster an den Ecken. Zweifellos aber ist es der Turm mit der filigranen Zwiebelhaube, der das Gebäude in ein fränkisches Kunstwerk verwandelt. Ein Mansarddach mit volutenverzierten Gauben schließt das Gebäude ab.

Versteckte und offen zutage liegende romanische Kostbarkeiten bieten sich dem Besucher in Schwäbisch Hall und Umgebung dar. Vom Marktplatz aus gesehen die unteren Geschosse des Kirchturms von St. Michael ins Auge. Von dessen Schall- und Blendarkaden war ja schon die Rede. Wer aber kennt die romanischen Fenstergliederungen und die Blättermaske im Hof des um 1300 entstandenen Steinhauses, des später sogenannten Büschlerhauses, am Marktplatz?
Diese kleinen Schätze werden oftmals übersehen, da es die Kunstinteressierten zur Comburg zieht. Dort hängt in der ehemaligen Klosterkirche St. Nikolaus der monumentale romanische Radleuchter. Nur noch in Aachen und in Hildesheim sind vergleichbare Leuchter zu bestaunen. Fachleute sind sich aber darin einig, daß der von der Comburg an erster Stelle steht.
Man sollte sich Zeit nehmen, um dieses Kunstwerk zu studieren. 412 Einzelfiguren sind in dem Rund, das durch Türmchen unterbrochen wird, gestaltet. In jedem der zwölf Türme steht ein Apostel. Patriarchen, Propheten und Fabeltiere ergänzen das biblisch eindeutige Bildprogramm: Der Radleuchter stellt das Himmlische Jerusalem dar, die Verheißung der Gläubigen auf die Erlösung am Ende der Zeit. Die Patriarchen und Propheten des Alten Testaments verweisen auf das Heil, das von der Dreifaltigkeit ausgeht. Die Apostel tragen Gottes Wort in die Welt und überwinden damit das Böse und den Unglauben, die durch die Fabelwesen symbolisiert werden.

Das romanische Antependium (Altarvorsatz), das aus vergoldetem Kupferblech gearbeitet ist, greift diese Thematik auf und konzentriert sie auf die Vermittlung von Gottes Wort. In zwei Reihen stehen die Apostel und in ihrer Mitte Jesus Christus in der Mandorla. In der Linken hält er das Buch des Lebens, zum Segensgruß hat er die Rechte erhoben. Engel umgeben ihn. Ein Steinsarkophag mit den Gebeinen des Stifters Graf Burkhard II. aus der Zeit um 1220 und zwei vergoldete Altarleuchter aus der zweiten Hälfte des 13. Jahrhunderts runden diesen einzigartigen Reigen der romanischen Kunst ab.
Romanik inmitten barocker Schwelgerei? Das mag zunächst verwundern, denn der Innenraum der heutigen Stiftskirche steht in formalem Kontrast zu den beschriebenen Ausstattungsstücken. Die Baugeschichte klärt diesen scheinbaren Widerspruch auf: Im 18. Jahrhundert wurde die romanische Basilika bis auf die drei Türme abgerissen und als Hallenanlage neu erbaut.
Die Gründung dieses mittelalterlichen Klosterkomplexes geht auf das Jahr 1079 zurück. Schon über 100 Jahre vorher residierten auf dem Berg hoch über dem Kochertal die fränkischen Grafen von Rothenburg, die sich auch von Comburg nannten. Nach dem Aussterben der Comburger übernahmen im 12. Jahrhundert die Staufer das Kloster. Unter Abt Hartwig blühte das Klosterleben auf. Zu dieser Zeit entstanden das Antependium und der Radleuchter, übrigens eine Stiftung dieses Abtes. Im Verlauf des 15. Jahrhunderts erlebte das Kloster schwere Zeiten und verarmte. Es wurde in ein geistliches Augustiner-Chorherrenstift umgewandelt und führte zur Zeit der Reformationswirren ein Schattendasein. Es blieb katholisch – bis auf den heutigen Tag – und diente nach der Auflösung des Klosters im Jahre 1805 als Pfarrkirche.
Nördlich der ehemaligen Klosterkirche erhebt sich ein sechseckiger Zentralbau mit wunderschönen romanischen Arkaden, die um 1230 erbaute Erhardskapelle, die möglicherweise die Nachbildung des Heiligen Grabes darstellt. Die Ausmalung des Innen-

Der „mittelalterliche Winkel“ zwischen der romanischen Erhardskapelle und der Klosterkirche der Comburg ist mit einem zierlichen Renaissance-Brunnen geschmückt.

raums mit Grotesken und Hermen stammt aus der Zeit um 1562. Über dem Altar, neben und zwischen den beiden Fenstern sind noch Reste einer Kreuzigungsszene aus der Erbauungszeit der Kapelle zu sehen.

Abt Hartwig war auch der Förderer eines kleineren Nebenklosters, Klein-Comburg, das die Mönche zu Beginn des 12. Jahrhunderts auf dem gegenüberliegenden Hang errichteten. Die durch Graf Heinrich II. von Comburg gegründete Klosterkirche St. Ägidius bietet sich heute als reiner romanischer Bau dar. Deutlich ist die zarte Wandgliederung auszumachen. Über flache Pilaster zieht sich der Blendbogenfries hin. Großzügig und nüchtern ist der bis auf den Chor flachgedeckte Innenraum gestaltet. Der Raum präsentiert sich schmucklos und bringt dadurch die romanischen Bauteile wie Würfelkapitell, Säulenschaft und gekehlte Basis zur Geltung. Manchmal fließen die Sonnenstrahlen durch die Rundbogenfenster des Obergadens ein und tauchen den Kirchenraum in ein mystisch anmutendes Licht. Der Rhythmus der Säulen wird vor der Vierung durch viereckige Pfeiler unterbrochen. Sie markieren ein Quadrat, das der Baumeister als Modell für den gesamten Bau wählte und somit harmonische architektonische Verhältnisse herstellte. Dieser innere Aufbau offenbart ferner enge Bezüge zum Schwarzwälder Mutterkloster St. Aurelius in Hirsau. Das Chorgewölbe ist mit Malereien versehen, die sich neu und unnatürlich frisch ausnehmen und dennoch auf das 12. Jahrhundert zurückgehen. Wenig überzeugende Restaurierungen und neoromanische „Ergänzungen" aus dem 19. Jahrhundert haben zu diesem Eindruck geführt. Das Bildprogramm reiht sich in das übliche Schema dieser Zeit ein: Das Erlösungswerk wird durch die Passion, die Auferstehung, die Apostel und Propheten sowie durch die Darstellung des Pantokrators mit den Symbolen der Evangelisten veranschaulicht. Fragmente von Szenen aus dem Leben des Titelheiligen, des Heiligen Ägidius, sind ebenfalls noch erhalten.

Auch Steinbach, unterhalb der Comburg gelegen, ist einen Besuch wert. Der Ort geht auf eine kleine mittelalterliche Siedlung zurück, die im Jahre 1265 Marktrechte erhielt. Die katholische Pfarrkirche Johannes Baptist bestand schon im 12. Jahrhundert. Der Bau ist in den nachfolgenden Jahrhunderten mehrmals verändert worden. Dennoch lassen sich deutlich die romanischen Preziosen herauslesen wie die Chorturmpartie mit den Blendarkaden, den Lisenen und den doppelbogigen Schallarkaden. Das Fachwerkobergeschoß mit der barocken Haube ist den späteren Umbauten zuzurechnen.

Die mittelalterliche Klosterstadt Groß-Comburg geht auf das Jahr 1079 zurück. Damals residierten seit über 100 Jahren auf dem Berg hoch über dem Kochertal die fränkischen Grafen von Rothenburg, die sich auch von Comburg nannten. Majestätisch erhebt sich die Basilika mit ihren mächtigen Osttürmen aus dem 13. Jahrhundert. Der älteste Bauteil ist an den romanischen Schallarkaden des Westturms zu erkennen, der aus dem frühen 12. Jahrhundert stammt. Das Schiff dagegen ist im Barock neu erbaut worden – zu erkennen an der Pilastergliederung und den Segmentgiebeln der Fenster. Für die Formengebung waren Baumeister aus Würzburg verantwortlich, so daß einige Baumotive auf die Gestaltung der Würzburger Universitätskirche und des Neumünsters verweisen.

Ganz im Gegensatz zur äußeren Form der romanischen Türme und zu den eher nüchtern gehaltenen barocken Außenwänden des Kirchenschiffs gibt sich das Innere der ehemaligen Klosterkirche der Groß-Comburg in schwelgerischen Barockformen. Die Hauptattraktionen, das Antependium und der Radleuchter, aber stammen aus dem Mittelalter. Das romanische Antependium, das aus vergoldetem Kupferblech gearbeitet ist, zählt zu den romanischen Preziosen Deutschlands. In zwei Reihen präsentieren die Apostel Jesus Christus in der Mandorla. In der Linken hält er das Buch des Lebens. Zum Segensgestus hat er die Rechte erhoben. Engel umgeben ihn. Auch der monumentale romanische Radleuchter ist einzigartig. Nur noch in Aachen und in Hildesheim sind vergleichbare Leuchter zu bestaunen. Dieser Radleuchter stellt das Himmlische Jerusalem dar, die Verheißung auf die Erlösung für die Gläubigen am Ende der Zeit. Die Patriarchen und Propheten des Alten Testaments verweisen auf das Heil, das von der Dreifaltigkeit ausgeht. Die Apostel tragen Gottes Wort in die Welt und überwinden damit das Böse und den Unglauben, symbolisiert in den Fabelwesen.

Hoch über dem Tal der Brettach residierten die Herren von Neideck im 13. Jahrhundert auf der Burg Maienfels südlich von Öhringen. Allerdings konnten sie ihren Besitz nicht lange halten, er wurde unter verschiedenen Erben aufgeteilt. Eine frühe Stadtgründung schlug fehl, und so dämmerten Burg und Burgflecken durch die Jahrhunderte bis in unsere Tage dahin.

Das ist unser Glück! Es läßt sich wohl an keinem günstigeren Ort im Hohenlohischen eine Burgen- und Schlössertour beginnen als hier in dem verträumten Nest, dessen Gebäude von Teilen der alten Stadtmauer abgestützt werden. Zwischen herrschaftlichen Fachwerkgebäuden reckt das spätmittelalterliche Kirchlein munter seinen Zwiebelturm in die Höhe. Der Innenraum überrascht mit einer Jugendstilausstattung.

Von hier aus ist es nur ein Sprung hinüber nach Pfedelbach und zum dortigen Renaissance-Wasserschloß, das seine Besitzer in den Jahren 1568 und 1572 auf den Resten mittelalterlicher Bauten neu errichten ließen. Die hinter dem Torbau gelegene offene Galerie allerdings dürfte von dem zuvor erwähnten württembergischen Hofbaumeister Heinrich Schickhardt stammen. Er sollte im Auftrag der Gräfin Agathe den einfachen Fachwerkgang durch eine im italienischen Stil konzipierte Innenfassade ersetzen. Die Gräfin war übrigens die Gemahlin des Grafen Eberhard von Hohenlohe, der bei der sogenannten „Waldenburger Fastnacht“ von 1570, auf die wir noch zurückkommen, im Feuersturm ums Leben gekommen ist.

Das Renaissance-Wasserschloß Pfedelbach ist zwischen 1568 und 1572 auf den Resten einer mittelalterlichen Wasserburg erbaut worden.

Eine Urkunde von 1037 weist die Öhringer als Besitzer von Pfedelbach aus. Dann zogen hohenlohische Ministerialen in das Schloß ein und schließlich ab 1472 die Hohenloher selbst, die sich dann fast zweihundert Jahre später als die Linie Hohenlohe-Pfedelbach auswiesen.

Was mochte es mit der „Waldenburger Fastnacht“ auf sich gehabt haben? Auf dem Weg zur Waldenburg können wir uns diese tragische Geschichte vor Augen führen. Am 7. Februar des Jahres 1570 ließ Graf Eberhard von Hohenlohe ein Fest in den Räumen seiner Burg inszenieren. Vorgeschrieben waren Teufelskostüme für die Herren und Engelsgewänder für die Damen. Das Fest trieb seinem Höhepunkt entgegen, als um die mitternächtliche Stunde der Leibhaftige erschien – unerkannt, da er sich von den Gästen nicht unterschied. Er setzte ein, zwei Kostüme in Brand.

Schreie gellten durch die Säle, und weitere Gewänder gerieten in Flammen, bis sich das Fest in einen tosenden Feuersturm verwandelte. Viele Festgäste wurden schwer verletzt, der Hausherr und sein Schwager starben. Ob die Grafen den Ausspruch: „Ex flammis orior" (aus Flammen geboren) aus Trotz oder einfach aus Wut über die Erscheinung des Leibhaftigen zu ihrer Devise erkoren, wie häufig zu hören ist, kann nicht nachgewiesen werden. Vielleicht bezieht sich die „hochlodernde Lohe" auf den Namen des Hauses, nämlich Hohenlohe. Wir stehen oben vor der Waldenburg und genießen den weiten Blick ins Tal hinüber nach Neuenstein und über die Hohenloher-Haller-Ebene Richtung Künzelsau. Hier oben in luftiger Höhe sucht man vergeblich nach Quellen. Wie also kam Wasser in das Schloß? Über die Wasserversorgung Waldenburgs liegen interessante Dokumente aus dem 17. Jahrhundert vor, die diese Problematik erhellen.
Ein Mitarbeiter Heinrich Schickhardts, Hans Kretzmaier aus Ulm, hielt sich in Waldenburg auf, um die Möglichkeiten für die Konstruktion von Wasserleitungen und den Bau eines Brunnens zu prüfen und erste Pläne vorzulegen. Der Ingenieur Hans Kretzmaier wurde damals bekannt durch eine einzigartige „Wasserkunst", ein Pumpwerk, mit dessen Hilfe Wasser über längere Strecken in die Höhe geleitet werden konnte. Die Pläne legte er schon im Jahre 1606 vor. Kretzmaier wollte in mehr oder weniger regelmäßigen Abständen hügelaufwärts Brunnenhäuschen mit Pumpwerken errichten, um so das Wasser in das Schloß zu führen. Zu diesem Zweck sah er unten im Tal bei Laurach inmitten des Gebiets der Neumühle-Seen einen Wasserturm vor. Von dort sollte das Wasser mittels Leitungen über Brücken und von einem Pumphäuschen zum anderen nach Waldenburg transportiert werden. Ob Kretzmaiers Konzept tatsächlich zur Ausführung gelangte, ist nicht sicher, da noch andere Wasser- und Brunnenspezialisten zu Rate gezogen wurden.
Nach diesem Exkurs zur Wasserversorgung der Waldenburg kehren wir zu ihrer Geschichte zurück. Bereits Mitte des 13. Jahrhunderts wurde an dieser Stelle eine Burg errichtet, um die Fernstraße von der Donau zum Rhein zu kontrollieren. Zu dieser Zeit befand sich Waldenburg im Hohen-

Der Rittersaal im Schloß Neuenstein mit seiner prachtvollen Kassettendecke und der Empore ist ein typisches Beispiel für die Renaissancekunst des deutschen Südwestens.

loher Besitz und erlangte 100 Jahre später die Stadtrechte. Trotz schwerer Zerstörungen aus dem letzten Weltkrieg präsentiert sich das Städtchen heute als wunderbares Kleinod mit malerischen Gassen, Mauern, Türmchen und der spätgotischen evangelischen Stadtkirche. Die Reste der Zwingmauern und Gräben sowie der alte Bergfried erinnern noch an die mittelalterliche Burganlage. Um ihren Kern herum entstand im 16. Jahrhundert das Schloß, das im 18. Jahrhundert im Stil des Barock umgebaut wurde.

Neuenstein ist nicht weit von Waldenburg entfernt. Das Schloß, die Residenz der Grafen von Hohenlohe, geht auf eine mittelalterliche Wasserburg des 13. Jahrhunderts zurück, die Graf Ludwig Casimir von Hohenlohe um 1565 vom Baumeister Balthasar Wolff aus Heilbronn ausbauen und erweitern ließ. Der Graf war dem französischen Geschmack in Sachen Baukunst sehr zugetan, davon zeugen das prächtige Torhaus mit den runden Flankentürmchen und die gewölbten Säulenhallen im Ostflügel. Zu Beginn des 17. Jahrhunderts erfuhr das Schloß einen Umbau, den Heinrich Schickhardt aus Württemberg und der hohenlohische Baumeister Georg Kern besorgten. Im Innenhof kann man noch die imposanten Ecktürme und die ornamentierten Renaissanceverzierungen der beiden Torflankentürme bewundern. Ein Besuch des Schloßmuseums ist ebenfalls empfehlenswert. Herausragende Stücke sind der Burgundische Pokal aus dem 15. Jahrhundert und Elfenbeinarbeiten sowie die berühmte „Narrenkette" aus dem frühen 15. Jahrhundert, die wahrscheinlich in Burgund entstanden ist. Der Rittersaal mit Empore und reich verzierter Kassettendecke ist typisch für die südwestdeutsche Spätrenaissance.

Die Stiftskirche und das Renaissance-Schloß von Öhringen prägen die Silhouette der Stadt.

Auch die Stadt selbst hat einige Sehenswürdigkeiten zu bieten, wie z. B. Teile der Stadtmauer mit einem alten Rundturm aus dem 17. Jahrhundert und die Stadtkirche, ein Hallenbau aus dem Jahre 1611, der auf einen gotischen Vorgängerbau zurückgeht, was heute noch an der Chorpartie abzulesen ist.
Wenige Kilometer trennen Neuenstein von Öhringen, dem alten römischen „Vicus Aurelianus“ am Vorderen Limes. Um 1250 erwarben die Hohenloher Öhringen und gewannen Macht über die spätere Grafschaft und das Fürstentum Hohenlohe. Später teilten sich die Häuser, und ab 1782 gehörte die Stadt ausschließlich der Linie Hohenlohe-Neuenstein-Öhringen. Zu dieser Zeit stand schon das Schloß am Marktplatz, das 170 Jahre zuvor als Witwensitz für die Gattin des Grafen Wolfgang II. von Hohenlohe-Weikersheim erbaut worden war. Als Baumeister wirkte der in Hohenloher Diensten arbeitende Georg Kern, der auch in Pfedelbach und in anderen Schlössern tätig war. Im Chor der spätgotischen Hallenkirche befinden sich die Grabdenkmäler derer von Hohenlohe-Öhringen und ein Denkmal für den Grafen Ludwig Gottfried von Hohenlohe-Pfedelbach, der im Jahre 1728 starb und mit dessen Tod die Linie erlosch.
Nach dieser konzentrierten Schlössertour sollte man wieder den weiten und hohen Himmel über dem Hohenloher Land genießen. Eine der reizvollsten Fahrten durch diese Gegend führt uns von Öhringen Richtung Forchtenberg zum Wald- und Schloßhotel Friedrichsruhe, einer noblen Anlage, die sich aus dem Hauptbau, dem Jagdschlößchen, dem Marstall und dem Gartenhaus zusammensetzt.

Im Jahre 1612 ließen hier die Fürsten zu Hohenlohe-Öhringen einen Wildpark anlegen und bauten später ein kleines Lusthaus. Daraus entstand hundert Jahre später das Jagdschloß. Der Wildpark existiert nicht mehr, dafür aber seit einigen Jahren ein Golfplatz. Diesen passieren wir auf einer kleinen Straße, die uns westwärts hinunter ins Kochertal nach Ohrnberg führt. Der Ausblick wird unvergeßlich bleiben. Unter den baldachinartig ausgreifenden Ästen des Waldrandes öffnet sich die Landschaft, und man schaut weit über Öhringen und Neuenstein bis zu den Waldenburger und Löwensteiner Bergen. Wie eine kleine Spielzeugwelt stellt sich diese Szenerie dar, die an Ruhe und Stille gewinnt, je länger man davor verweilt.
Dann taucht man ein in den dichten dunklen Laubwald, noch eben die Augen voller Licht. Einsam ist es hier, wo wir den Limes kreuzen, der deutlich als Wall auszumachen ist. Der 270 Meter lange Abschnitt gilt als der am besten erhaltene des römischen Grenzwalls im Hohenloher Land.
Nach einigen Windungen erreichen wir das Kochertal, das sich in Ohrnberg äußerst reizvoll zeigt. Weiter kocheraufwärts taucht Forchtenberg auf, das im Zusammenhang mit seiner inzwischen zerstörten Burg 1240 erstmals genannt wird. Der Weinort mit seinen winkeligen Gassen und dem alten Brunnen vermittelt heute noch den Eindruck eines städtischen Anwesens aus dem Mittelalter. Das 1989 errichtete Stadtmauerfragment mit dem Stadtturm erscheint dagegen überflüssig und nimmt sich wie eine Theaterkulisse aus. Über Ingelfingen am Kocher und Mulfingen an der Jagst führen kleine malerische Straßen durch die idyllische Landschaft nach Bartenstein.
Die Grafen und Fürsten des Hauses Hohenlohe haben ihre Residenzen vornehmlich auf Bergrücken errichtet. So auch in Bartenstein. Das hatte geschichtliche und pragmatische Gründe. In manchen Fällen übernahmen sie eine ältere Burganlage und bauten diese aus – zumeist wehrhaft,

Das versteckt liegende Forchtenberg am Kocher, ein Weinort mit winkeligen und gemütlichen Gassen, wird unter Kennern als Geheimtip gehandelt.

um sich vor anrückenden Feinden zu schützen. Von einem erhöhten Standpunkt konnten diese schon in der Ferne ausgemacht werden. Die mittelalterliche Burganlage der Herren von Stein ging 1247 an die Ritter von Bartenstein als hohenlohisches Lehen über. Im Verlauf des Bauernkrieges, der hier besonders heftig tobte, wurde die Burg 1525 zerstört. Es waren die Bauern, die sich zum Neckartal-Odenwälder und zum Taubertaler Haufen zusammenschlossen und in Franken die Burgen und Städte verwüsteten. Sie standen damals kurz vor der Konstitution eines Bauernstaates. Wendel Hipler, ehemaliger Kanzler der Grafen von Hohenlohe und studierter Jurist, unterstützte die Ziele der Bauern und begann mit der politischen Organisation des Bauernbundes, dessen Keimzelle in Franken lag. Der Rat der Stadt Würzburg schloß sich den Bauern an und entsandte fünf Vertreter in den Bauernrat, um sogleich den kirchlichen Besitz einziehen zu lassen. Verständlich, daß der Domprobst Friedrich dem Ansinnen der Bauern widerstand.

In Heilbronn rief Wendel Hipler in der zweiten Maiwoche des Jahres 1525 die Vertreter der verschiedenen Bauernhaufen zur ersten frei gewählten deutschen Volksversammlung zusammen. Da traf die Nachricht ein, daß bei Böblingen im Württembergischen das mittlerweile gut bewaffnete, 12 000 Mann starke Bauernheer vom Truchseß von Waldburg, dem gefürchteten Bauernjörg, geschlagen worden war. Die Sache der Bauern war verloren. Das Volksparlament löste sich eilig auf, bevor es Beschlüsse fassen konnte. Die Führer der Bauern flohen, tauchten unter oder versuchten, sich mit den alten Herren neu zu arrangieren.

Nach dem Bauernkrieg von 1525 gelangte Schloß Bartenstein in den Besitz der Hohenloher und wurde zur Residenz ausgebaut. Seit 1688 herrscht dort die Linie Hohenlohe-Waldenburg-Bartenstein.

Nach dem unrühmlichen Ende des Bauernkrieges gelangte Bartenstein in den Besitz derer von Hohenlohe-Waldenburg und wurde zur Residenz ausgebaut. Seit 1688 herrschte dort die Linie Hohenlohe-Waldenburg-Bartenstein, die 1744 in den Reichsfürstenstand erhoben wurde. Zu dieser Zeit war der Ausbau zum Barockschloß bereits fortgeschritten und konnte 1760 abgeschlossen werden. Im Zusammenhang mit der Schloßanlage wuchs auch das Residenzstädtchen nach einem regelmäßigen Plan. Der Turm der 1716 geweihten Schloßkirche ist zugleich der des Schlosses. Obwohl er gewissermaßen „antibarock" aus dem Achsensystem von Schloß und Stadt an einen Seitenflügel versetzt ist, betont er doch die Gleichrangigkeit von sakraler und profaner Würde.

Von Bartenstein sind es nur noch wenige Kilometer zum nördlich im Taubertal gelegenen Weikersheim. Die Straße führt über Niederstetten, das schon in den „Fuldaer Traditionen" des 9. Jahrhunderts als Stetine erwähnt wird. Von 1290 bis 1415 war der Ort, der 1340 die Stadtrechte erhielt, im Besitz der Linie Hohenlohe-Brauneck. Dann ging es als würzburgisches Lehen in die Hände derer von Rosenberg über, die das Bergschloß Haltenbergstetten im 16. Jahrhundert erbauten. Der Reichsdeputationshauptschluß von 1803 sprach Schloß und Stadt dem Prinzen Karl Joseph von Hohenlohe-Bartenstein zu, der übrigens die Linie Hohenlohe-Bartenstein-Jagstberg begründete.

Mit Niederstetten verbindet sich ein köstliches Ereignis, das durch die Wirren der Revolution von 1848 ausgelöst wurde und später spöttisch als die „Hohenloher Variante der 48er Revolution" bezeichnet wurde. Die Aufständischen belagerten das Schloß, ließen den Fürsten aber vorher großzügig die Flucht ergreifen. Ihnen ging es um die verhaßten Hofbeamten und besonders um den Hofdomänenrat. Der flüchtete sich in den letzten Winkel des Schlosses und erreichte das „stille Örtchen". In seiner Todesfurcht hob er den Deckel und ließ sich in die Jauche fallen. Er war gerettet, und die Niederstettener reimten einen Spottvers:

„Und der Herr Domänenrat, der uns so beschissen hat,
schlupft jetzt durch ein Abtrittsloch,
Freiheit, Gleichheit, Vivat hoch!"

Abwechslung tut Not. Nach den ausführlichen Besichtigungen von Burgen und Schlössern gönnen wir uns jetzt ein wenig Beschaulichkeit in einer kleinen Kapelle angesichts der „überirdischen Schönheit Mariens". Ein Abstecher nach Stuppach lohnt sich, auch wenn wir jetzt unsere Route nach Weikersheim verlassen und kleine Landstraßen Richtung Bad Mergentheim einschlagen. Die „Stuppacher Madonna" von Matthias Grünewald ist längst schon zu einer profanen ästhetischen Wallfahrt geworden. Das an Symbolen so reiche Bild präsentiert Maria als prächtige, in Goldbrokat gekleidete Gottesmutter. Der Rosenkranz in der Fayenceschale setzt sich aus Bernsteinkugeln zusammen, und um das rechte Handgelenk des Christkindes windet sich eine Korallenschnur. Der Feigenbaum wird als Symbol des Sündenfalls angesehen, und die fünf Bienenstöcke lassen sich als Christussymbole aus den Visionen der Heiligen Brigitta von Schweden ableiten. Diese erscheinen im Jahre 1502 in deutscher Übersetzung und dürften dem Maler Grünewald bekannt gewesen sein.

Ungewöhnlich ist auch die Geschichte des Bildes. 1532 wurde es dem Hochmeister des Deutschen Ordens in Mergentheim geschenkt. Doch erschien den Ordensleuten die Symbolsprache kompliziert und schwer zu entschlüsseln, so daß das Gemälde in einer Kammer abgestellt wurde und dort verstaubte. Als der Orden 1809 aufgehoben wurde, gelang es dem damaligen Pfarrer von Stuppach, Balthasar Blumenhofer, das Bild für sein

Die monumentale Kassettendecke aus der Renaissance im Rittersaal von Schloß Weikersheim wurde von dem Architekten Elias Gunzenhäuser gestaltet.

Gotteshaus zu erwerben. Da der Künstler des Gemäldes längst in Vergessenheit geraten war und Fachleute die Qualität des Kunstwerks nicht einschätzen konnten, ließ der Pfarrer es übermalen und gab es als eine Arbeit von Peter Paul Rubens aus. Erst als der Isenheimer Altar in München restauriert und 1919 ausgestellt wurde, entdeckte die Kunstwelt Matthias Grünewald neu und feierte ihn als den großen Künstler, als der er heute bekannt ist. Die „Stuppacher Madonna" wurde als Grünewald-Werk „entlarvt", restauriert und erhielt ihren Platz in einer eigenen Kapelle.

Schließlich erreichen wir das an der Tauber gelegene Weikersheim, den Stammsitz der Herren von Hohenlohe, die als Herren von Weikersheim seit 1135 urkundlich bekannt sind. Die fränkische Tauber darf demnach auch als hohenlohischer Fluß ausgegeben werden. Neben all den berühmten Kunstschätzen, die das Taubertal zu bieten hat, ragt das Residenzstädtchen Weikersheim mit Schloß und dazugehörigem Garten als besonderes Kleinod heraus. Besucher sollten sich in Weikersheim viel Zeit nehmen, um die Stadt im „visuellen Dialog" mit dem Schloßbau zu erleben. Auf dem Marktplatz fallen die sogenannten barocken Zirkelbauten auf, deren großzügig gestaltete Laubengänge auf das fast versteckt wirkende Renaissanceschloßtor weisen. Fassadenlos zeigt sich hier der Bau. Wir betreten den Schloßbezirk quasi durch die Hintertür. Erst von der Gartenseite her bietet sich das Schloß als repräsentatives Prachtgebäude mit den drei volutenverzierten Giebeln dar. Graf Wolfgang von Hohenlohe ließ in den Jahren zwischen 1586 und 1603 die mittelalterliche Wasserburg in ein prunkvolles Renaissanceschloß verwandeln. Der Treppenturm, der Südtrakt und die im Erdgeschoß durch Arkaden erweiterte Front vermitteln ein lebhaftes Bild der südwestdeutschen Variante der Renaissance. Das trifft besonders auf die monumentale Kassettendecke des Rittersaales zu, die Elias Gunzenhäuser gestaltet hat. Jagdszenen und Tierbilder zieren die Deckenfelder – so wollte es der Bauherr. Er verlangte auch, daß Höhe und Breite der Saaltür es ihm erlauben sollte, hoch zu Roß aufrecht in sein Wohnzimmer einzureiten. Hinter dem Saal öffnet sich ein großer Garten.

Es ist ein besonderes Vergnügen, durch den Schloßpark zu flanieren, da er bevölkert ist von Steinfiguren, die Hofnarren, Faulpelze, Kammerzofen und Trommler darstellen. Auf diese Weise wird das Leben der Bediensteten am Hofe veranschaulicht. Die fürstliche Würde kommt in griechischen Göttergestalten, in den allegorischen Darstellungen der Winde, der vier Elemente oder der Erdteile zum Ausdruck.

Das ihm zugeschriebene Selbstbildnis von Tilman Riemenschneider aus dem Creglinger Marienaltar vom Anfang des 16. Jahrhunderts zeigt einen skeptischen und melancholischen Künstler. Riemenschneider lebte von 1460 bis 1531.

Das Städtchen Langenburg mit seinen Stadttürmen und Fachwerkhäusern ist ebenso anziehend wie das benachbarte Schloß.

Ein Abstecher zur Ruine der Stammburg der schon im Jahre 1434 ausgestorbenen Linie Hohenlohe-Brauneck ist lohnend, da er durch das idyllische Taubertal verläuft. Die Reste der Burg lassen eine der monumentalsten Burganlagen des Mittelalters erahnen. Die beeindruckende, drei Meter dicke Ringmauer und der Stumpf des mächtigen Bergfrieds sowie Reste vom Palas und das romanische Portal der Kapelle erscheinen wie Mosaiksteine, die sich zum Bild einer wehrhaften Burganlage des hohen Mittelalters zusammensetzen lassen.
Creglingen, das kurzzeitig auch im Besitz der Hohenlohe-Braunecker war, die 1349 von König Karl IV. das Stadtrecht erwirkten und im Jahre 1384 anläßlich eines Hostienwunders die Herrgottskapelle außerhalb der Stadt stifteten, darf natürlich nicht umfahren werden. Gerade wegen der genannten Kapelle, die den berühmten, 1502 von Tilman Riemenschneider geschnitzten Altarschrein enthält, sollten Reisende die Stadt an der Tauber besuchen.
Über Niederstetten und Bartenstein geht es dann wieder südwärts in das Herz des Hohenloher Landes zu unserer letzten Station, nach Langenburg. Bei Eberbach tauchen wir ein in das Jagsttal und erklimmen bei Oberregenbach die Höhe der lang auf dem Bergsporn hingelagerten Stadt mit der markanten Schloßsilhouette. Über 760 Jahre alt ist die Stadt, die schon sehr früh in den Besitz der Herrschaft Hohenlohe kam. Graf Philipp Ernst ließ zu Beginn des 17. Jahrhunderts die Burg in ein Renaissanceschloß umwandeln. Bis zum heutigen Tage residiert dort die Linie Hohenlohe-Neuenstein-Langenburg. 1756 ließen die Grafen den Ostflügel umbauen.

Ein Brand im Jahre 1963 verwüstete diesen Trakt und Teile des Nordbaus. Restauratoren und Architekten sorgten für einen originalgetreuen Wiederaufbau.
Ein Spaziergang rund um das Schloß unterhalb der Mauerzüge lohnt sich, da das Schloßcafé mit seiner hübschen Terrasse zu einem Besuch einlädt. Von hier aus bietet sich ein spektakulärer Ausblick hinunter ins Jagsttal. Aber auch das Städtchen lockt mit verheißungsvollen Perspektiven und gemütlichen Restaurants. Das Renaissancehaus mit den Staffelgiebeln und die beiden Stadttore runden das Bild einer noblen und zugleich intimen Residenzstadt ab.
Unsere Schlössertour haben wir in einem lauschigen Hohenloher Winkel, in Maienfels, begonnen. In einem dem Dornröschenschlaf verfallenen Ort, in Morstein, wollen wir die Fahrt beenden. Über Michelbach, Liebesdorf und Elpershofen gelangen wir hinunter ins Jagsttal, das sich hier besonders einsam ausnimmt. Nach der Überquerung des Flusses umfängt uns ein dichter Laubwald. Wir scheinen uns bereits aus der Realität entfernt zu haben und uns in einer Märchenwelt zu befinden, die aber ganz konkret wirkt, oben auf der Höhe rechter Hand beim Verlassen des Waldes. Von Bäumen beschattet und dicht von Ranken umwachsen, zeigt sich das Torhäuschen der Burg Morstein. Dahinter lugt das Schloßgebäude mit seinem Renaissance-Staffelgiebel hervor. Darüber erhebt sich stolz der staufische Buckelquader-Bergfried. Mehr ist hier nicht zu sehen. Die Märchenwelt ist unantastbar und nicht zur Besichtigung freigegeben, da sich das Schloß in privater Hand befindet. Aber gerade die ausgesperrte Öffentlichkeit läßt dieses Juwel so verheißungsvoll erscheinen, so daß man in der Phantasie seine eigenen Geschichten erfinden kann.

Bei einem Spaziergang zum Schloß von Langenburg lockt der schön angelegte Garten mit einem wunderbaren Blick in das Jagsttal.

ADIVVA
NOS

Nicht weit von Weikersheim entfernt liegt Tauberrettersheim mit der zauberhaften von Balthasar Neumann erbauten Brücke. Der vielbeschäftigte Barock-Baumeister kehrte gerade aus Bruchsal zurück, wo er ein Modell für das Treppenhaus des Schlosses anfertigte und zur Diskussion stellte. Danach plante er den Schloßgarten von Werneck und hielt sich immer wieder in Würzburg auf, wo er mit Zufriedenheit feststellte, daß die Residenz bis zur südöstlichen Gartenfront fortgeschritten war. Kurz nachdem er die Entwürfe für die Hofkirche im Jahre 1732 vorgelegt hatte, wurde er nach Tauberrettersheim gerufen, um eine Brücke über die Tauber zu planen. Er konzipierte einen fünfbogigen Übergang und setzte in der Mitte eine Ausbuchtung über dem Pfeiler an, in die er die Statue des heiligen Nepomuk aufstellen ließ. Das Werk war 1733 vollendet.

Im Jahre 1384 wurde anläßlich eines Hostienwunders die Herrgottskirche außerhalb des Stadtgebiets von Creglingen gestiftet. Im Chor ist der berühmte, etwa 1505–1510 geschnitzte Marienaltar aufgestellt, der Tilman Riemenschneider zugeschrieben wird. Die Madonna, von einer Engelsglorie umgeben, erhebt sich über die Apostel. Der zart und dynamisch gestaltete Faltenwurf, die natürliche und schön geschnittene Physiognomie der Madonna und das kunstvoll ineinander verschlungene Spiralwerk des Baldachins finden sich in einer einzigartigen Harmonie zusammen. Riemenschneider gehörte zu den bedeutendsten Holzschnitzern des Spätmittelalters und der beginnenden Renaissance. Sein politisches Engagement im Bauernkrieg brachte ihm Gefängnis und Folter ein.

Es ist ein besonderes Vergnügen, durch den Schloßpark von Weikersheim zu spazieren, da er von Steinfiguren bevölkert ist, die Hofnarren, Kammerzofen oder Trommler in ihrem Leben als Bedienstete am Hofe darstellen. Sie figurieren Callotsche Typen, ähnlich wie im Garten von Schloß Mirabell in Salzburg. Die Künstler waren die Gebrüder Sommer, die zwischen 1710 und 1720 auch viele andere Skulpturen im Park schufen. Den Abschluß des Gartens bildet die Orangerie, zwei zum Halbkreis sich formierende Bauten mit Säulen und Figurennischen. Über dem elegant ausschwingenden Gesims sitzen auf Voluten die Götter des griechischen Olymps. Mit einem Augenzwinkern mag der fürstliche Auftraggeber im närrischen Hofvolk seinen Alltag illustriert gesehen haben – seine Würde aber kommt in diesen Göttergestalten und in weiteren Allegorien, die Winde, Elemente oder die Erdteile darstellen, zum Ausdruck.

Abgesehen von der sehenswerten Renaissance-Architektur Schloß Neuensteins und dem malerisch angelegten Schloßpark, bergen verschiedene Räume eine ansehnliche Kunstsammlung. Im Kaisersaal, einer spätgotischen Pfeilerhalle, ist die Waffensammlung zu bestaunen. Berühmt ist auch die Kunst- und Wunderkammer der Hohenloher Grafen, da hier der berühmte Burgundische Becher und kunstvolle Elfenbeinarbeiten zu sehen sind. Hauptanziehungspunkt aber ist die Renaissanceküche im Obergeschoß. Unter einem Gewölbe, das von schweren Säulen abgestützt wird, befindet sich der große Herd mit dem Kohlebecken. Töpfe, Kessel und eine Vorrichtung zum Grillen lassen die Festmähler des spätmittelalterlichen Ritterlebens wieder aufleben. Regale mit schönen Krügen und verschiedenen Küchengeräten sowie ein stämmiger Hauklotz und ein Eichentisch runden das lebensvolle Bild einer typischen Schloßküche ab.

Waldenburg, das fast ein wenig lässig über den Bergrücken gelagert ist, blickt nicht nur auf eine lange Geschichte zurück, sondern weist auch viele Geschichten auf. Die spannendste dürfte die der „Waldenburger Fastnacht" sein, die von einem Feuersturm berichtet, in dessen Verlauf der Leibhaftige erschienen sein soll. Vielleicht haben daraus die Fürsten ihre Devise „Ex flammis orior" – Aus den Flammen erstanden –, abgeleitet. Nicht weit entfernt bietet der Ausblick ins Tal hinüber nach Neuenstein und über die Hohenloher-Haller-Ebene Richtung Künzelsau eine weitere Attraktion.

Auf unserer Burgen- und Schlösserfahrt sind uns hin und wieder Straßenschilder mit einer verheißungsvollen Richtungsangabe aufgefallen, nämlich „Rothenburg ob der Tauber“. Warum nicht einen Abstecher in „außer-hohenlohisches Gebiet“ wagen, zumal in der Nähe die hohenlohische Exklave Schillingsfürst auf eine eingehende Betrachtung wartet? Außerdem können wir unsere Fahrt in Kirchberg an der Jagst beginnen, einem Städtchen, das sich mit seinen Türmen und dem Schloß malerisch über dem Tal erhebt. Um 1200 haben die Herren von Kirchberg eine Burg angelegt, um die seit dem 14. Jahrhundert allmählich Wohn- und Amtshäuser sowie Kirchen und Kapellen entstanden, die zur Stadt zusammenwuchsen. Im Jahre 1313 kam Kirchberg als würzburgisches Lehen an die Grafen von Hohenlohe. 70 Jahre später mußten die neuen Herren ihre Stadt verpfänden und sie später an die Reichsstädte Rothenburg, Dinkelsbühl und Schwäbisch Hall verkaufen. Im Jahre 1562 konnten die Hohenloher ihren einstigen Herrschaftsmittelpunkt wiedererwerben und machten ihn zum Amtssitz. Aus dieser Zeit stammt auch das Schloß, das zunächst als Witwensitz im Renaissancestil erbaut und im 17. und 18. Jahrhundert barock umgestaltet und erweitert wurde.

Von Kirchberg führt die Landstraße über Gaggstadt nach Brettheim. Hier biegen wir ab Richtung Leuzende zum „deutschen Jerusalem, der hochgebauten Stadt“, wie Rothenburg im Mittelalter gepriesen wurde. Diese Anfahrt empfiehlt sich wegen des überraschenden ersten Blicks auf die Stadtsilhouette. Wenige Kilometer vor dem Ziel windet sich die Straße hinab ins Taubertal, und es öffnet sich das unvergeßliche Panorama mit den stolz aufragenden Türmen und den zusammengedrängten Dächern – umgürtet gleichsam von der mit Bastionen versehenen Wehrmauer. Wenige Augenblicke später flanieren wir inmitten der engen Gäßchen und suchen immer weiter neue und malerische Perspektiven, so daß wir bald glauben möchten, durch ein Gemälde von Carl Spitzweg zu spazieren.

Die ehemalige Reichsstadt geht auf eine Grafenburg aus dem 10. Jahrhundert zurück. Im Jahre 1172 erhielt die Stadt von den Staufern ihre Reichsfreiheit und strebte von diesem Jahrhundert an ihrer Blütezeit im Spätmittelalter entgegen. Die Stadtmauer mit ihrem alten Wehrgang aus der Mitte des 14. Jahrhunderts lädt zu einem Spaziergang ein. Den Weg vom Spitaltor im Südosten bis zur Klingentorbastei im Nordwesten kann man entlangschlendern, um die herrlichen Ausblicke auf die Stadt und die Einblicke in die engen Gassen und kopfsteingepflasterten Straßen mit ihren Erker- und Fachwerkhäusern zu genießen.

Kirchberg an der Jagst, das seit 1200 nachgewiesen ist, erhebt sich malerisch über dem Flußlauf.

Der Marktplatz mit seinem Renaissance-Rathaus, dessen 60 Meter hoher Turm vom älteren, gotischen Rathaus übernommen wurde, ist großzügig, gar nicht mittelalterlich angelegt worden. Hier meint man noch die Atmosphäre der würdigen Reichsstadt zu verspüren. Im Jahre 1501 brannte der östliche Teil des Rathauses ab. Der Baumeister Nikolaus Hofmann aus

Halle erhielt vom Rat der Stadt den Auftrag, einen Entwurf für den Neubau vorzulegen. Zwischen 1572 und 1578 kam er dann zur Ausführung, an der der Steinmetz Leonhard Weidmann beteiligt war. Neben dem Bau fällt die Ratstrinkstube auf, berühmt geworden durch den Meistertrunk des Bürgermeisters Nusch. Dreieinviertel Liter Wein soll der tapfere wie trinkfeste Mann hinuntergestürzt haben, ohne den riesigen Becher abzusetzen. Dadurch, so erzählt die Sage, habe der Bürgermeister die Stadt im Dreißigjährigen Krieg vor Zerstörung und Plünderung gerettet. Dieser Meistertrunk wird an jedem Pfingstsonntag vor einer großen Menge Schaulustiger wiederholt.

Übrigens empfiehlt es sich, den Hauptaltar der Stadtpfarrkirche St. Jakob aufzusuchen, um an dessen Rückseite die vom Nördlinger Stadtmaler Friedrich Herlin gemalte Vedute zu betrachten. Hier lassen sich schnell das gotische Rathaus und Teile der älteren Stadtbefestigung ausmachen. Nicht der genannte Hochaltar ist die Attraktion der Kirche, sondern der Heilig-Blut-Altar, dessen Figuren größtenteils in den Jahren von 1501 bis 1504 von Tilman Riemenschneider geschnitzt wurden.

Der Marktplatz mit dem St.-Georgs-Brunnen und dem berühmten Renaissance-Rathaus von Rothenburg ob der Tauber ist das Zentrum der Stadt. Von hier aus öffnen sich die breit angelegten Hauptstraßen und die kleinen verwinkelten Gäßchen.

Wer sich von der Schnitzkunst Riemenschneiders hat verzaubern lassen und noch den Creglinger Schnitzaltar desselben Meisters aus dem vorigen Kapitel in Erinnerung hat, der sollte einen wunderschönen Spaziergang ins nahe Detwang im Taubertal unternehmen. Der Weg führt an dem ehrwürdigen Hotel Eisenhut vorbei durch die Herrengasse zum Burgtor und durch den Burggarten hinab ins Taubertal. In Detwang ist das Kirchlein St. Peter und Paul schnell gefunden. Hier steht der Heilig-Kreuzaltar, den Tilman Riemenschneider 1508 für die Michaelskapelle in Rothenburg geschnitzt hat. 1653 ist der Altar nach Detwang gekommen, weil man in der Michaelskapelle Platz für einen neuen, „modernen“ Altar brauchte. Zu beachten ist die Gruppe der Kriegsknechte rechts unterhalb vom Kreuz. Ein Pharisäer mit einem Turban fällt auf. Es dürfte sich hier um ein Zitat aus dem Werk Albrecht Dürers handeln. Einige Motive der Seitenreliefs sind von Kupferstichen Martin Schongauers angeregt worden.

In Rothenburg sollte man es auf gar keinen Fall versäumen, eine der vielen fränkischen Weinstuben aufzusuchen, die in alten Patrizierhäusern untergebracht sind. Zahlreiche Gasthäuser sind empfehlenswert, so daß es kaum möglich ist, eines besonders hervorzuheben.

Wir verlassen Rothenburg durch die Galgengasse und durch das Galgentor und fahren südwärts auf der Romantischen Straße über Insingen und Bellershausen nach Schillingsfürst.

„Schillingsfürst. Der hochwohlgeborene Graf und Herr Georg Friedrich d. J., Graf von Hohenlohe und Herr zu Langenburg hat anno 1624 an mich in

Der Röderturm von Rothenburg ob der Tauber mit der Bastion und der Stadtmauer ist Ausgangspunkt für ausgiebige Stadtspaziergänge – durch die Gassen oder über den Wehrgang.

Gnaden begehrt, daß ich zu Schillingsfürst solle einen Augenschein nehmen, um einen Plan zur Erbauung einer neuen Stadt samt Kirche und Pfarrhaus vorzunehmen. Diesem Auftrag bin ich mit Fleiß nachgekommen und habe einen solchen Abriß gemacht und diesen zusammen mit meinen Bedenken ihm zugeschickt. Was aber alles von dieser Stadt, Kirche und Pfarrhaus gebaut worden ist, kann ich nicht wissen, da ich wegen des leidigen Kriegswesens nicht mehr dorthin gekommen bin.“

Mit dem „leidigen Kriegswesen“ bezieht sich Heinrich Schickhardt, von dem diese Notiz stammt, auf die Kampfhandlungen des Dreißigjährigen Krieges. Der württembergische Hofbaumeister Schickhardt war damals der berühmteste Städteplaner nördlich der Alpen. Zu dieser Zeit war er gerade mit dem Bau von Freudenstadt im Schwarzwald beschäftigt. Vaihingen an der Enz galt es neu zu erbauen, nachdem 1617 und 1618 verheerende Brände die Stadt zerstört hatten. In Schillingsfürst hielt sich der Baumeister im Jahre 1623 auf. Damals konnte sich Schickhardt ein Bild von der topographischen Situation machen, wobei er möglicherweise auch mit dem Grafen über Stadtpläne sprach. Bei dieser Gelegenheit erhielt er den Auftrag, eine Münze zu bauen. Später arbeitete er intensiv am Schloß. Wahrscheinlich handelte es sich um notwendige Verbesserungen und Reparaturen. Das Schloß wurde bereits 1632, zwei Jahre vor dem Tod Schickhardts, im Verlauf des Dreißigjährigen Krieges wieder zerstört. Der Graf übermittelte dem greisen Baumeister den Auftrag für eine Neukonzeption der Schloßbauten. Schickhardt notierte: „Als Schillingsfürst anno 1632 vom Kriegsvolk verbrannt wurde, habe ich mancherlei Abrisse dazu gemacht, wie das Schloß wieder aufgebaut werden könne.“ Ob solche Neubauten tatsächlich ausgeführt wurden, ist heute nicht mehr zu ermitteln, da die Schloßanlage zwischen 1723 und 1750 vom Darmstädter Architekten Louis Rémy de la Fosse neu errichtet wurde.

Schickhardts Schloßanlage ist lediglich in Plänen und Rissen überliefert, die sich im Archiv von Schloß Neuenstein befinden. Neben den Hauptgebäuden sind auch die Wirtschaftsgebäude, Kamine, Rauchkammern sowie der Wasserturm dargestellt. Für den Hauptbau sah Schickhardt einen unterkellerten dreigeschossigen Trakt

Das fränkische Hügelland zwischen Rothenburg ob der Tauber und Schillingsfürst ist eine verlassene und einsame Gegend und deswegen an reizvollen Aussichten kaum mehr zu übertreffen.

Das Zimmer des Kurienkardinals Gustav Adolf Prinz zu Hohenlohe-Schillingsfürst ist mit vielen Erinnerungsstücken ausgestattet. Sie lassen das Leben dieser schillernden Persönlichkeit aufleben. Auf dem Ersten Vatikanischen Konzil im Jahre 1870 zählte der Prinz zu den entschiedenen Gegnern des Unfehlbarkeitsdogmas. Er machte sich auch einen Namen als Mäzen des Komponisten Franz Liszt. Er ließ sogar ein Liszt-Denkmal im Hofgarten des Schlosses errichten.
Verlassen wir Schillingsfürst, das Schloß über einem Seitental der Tauber. Abschließend können wir uns noch vor Augen halten, daß die heutige Anlage auf dem Platz einer älteren Burg steht, die um das Jahr 1000 herum errichtet wurde. Das kann man der Schenkungsurkunde Kaiser Ottos III. an das Hochstift Würzburg entnehmen. Daß diese Burg bald wieder zerstört, später neu erbaut und wieder geschleift wurde, verwundert angesichts der üblichen „Burgen-Schicksale" nicht. Glücklicherweise blieb keine Ruine zurück, sondern das prachtvolle Schloß Schillingsfürst.

mit einem ebenfalls dreigeschossigen Dachbereich vor. Das untere Geschoß sollte aus Sandsteinblöcken gefügt und die oberen Stockwerke in Fachwerkbauweise konstruiert werden. Es hätte sich demnach um eine komplexe und durchaus bodenständige Renaissanceanlage gehandelt. Am elegantesten hätte sich der Wasserturm ausgenommen, der im Aufriß eine schön geschwungene Wendeltreppe zeigt, die zum oberen Brunnenbecken führt. Heute verläuft der Weg über eine steinerne Brücke und an einem schmiedeeisernen Gitter entlang in den Ehrenhof des Schlosses. Treppengeländer und Räume sind mit kostbaren Stuckarbeiten und französischen Gobelins versehen.

E in individueller Besuch der „Rothen Stadt“ beginnt mit der Anreise: Von Kirchberg führt die Landstraße über Gaggstadt nach Brettheim. Hier biegen wir ab Richtung Leuzende zum „deutschen Jerusalem, zur hochgebauten Stadt“, wie Rothenburg im Mittelalter gepriesen wurde. Wenige Kilometer vor dem Ziel windet sich die Straße hinab ins Taubertal, und es öffnet sich das unvergeßliche Panorama mit den stolz aufragenden Türmen und den zusammengedrängten Dächern – umgürtet gleichsam von der Wehrmauer, die mit Bastionen versehen ist.

Die ehemalige Reichsstadt Rothenburg geht auf eine Grafenburg aus dem 10. Jahrhundert zurück. Im Jahre 1172 erhielt die Stadt von den Staufern ihre Reichsfreiheit und strebte von diesem Jahrhundert an ihrer Blütezeit im Spätmittelalter entgegen. Die Stadtmauer mit ihrem alten Wehrgang aus der Mitte des 14. Jahrhunderts lädt zu einem Spaziergang ein, am besten in der Abenddämmerung, wenn die Touristen ihren Heimatorten oder umliegenden Hotels zustreben. Vom Spitaltor im Südosten bis zur Klingentorbastei im Nordwesten kann man dort entlangschlendern, um die herrlichen Ausblicke auf die Stadt und die Einblicke in die engen Gassen und kopfsteingepflasterten Straßen mit ihren Erker- und Fachwerkhäusern zu genießen.

Viele spektakuläre Sehenswürdigkeiten hat Rothenburg ob der Tauber aufzuweisen. Für Kunstliebhaber gibt es nur ein Ziel, die Stadtpfarrkirche von St. Jakob, nur wenige Meter vom Rathausplatz entfernt: Hier befindet sich der Heilig-Blut-Altar, dessen Figuren größtenteils in der Zeit von 1501 bis 1504 von Tilman Riemenschneider geschnitzt wurden. Das dramatische Szenarium des Abendmahls ist einmalig. Die wechselnde Frontal- und Rückenansicht der Figuren verleiht dem Altar eine ungewöhnliche Perspektivität: Man blickt auf den Tisch, der leicht hochgeklappt zu sein scheint, und wähnt sich gleichzeitig mit den Akteuren am Abendmahl teilzunehmen. Das Auf und Nieder der Bewegungen um Christus symbolisiert den dargestellten Augenblick: „Einer unter euch wird mich verraten!“

Das zierliche Ornamentmuster des Schloßtors gehört sicherlich zu den ersten Überraschungen, die das Anwesen in Schillingsfürst zu bieten hat. Im Stil französischer Adelspaläste sind der Mittel- und die Flügeltrakte gestaltet. Hervorgehoben ist der Mittelrisalit des Hauptbaus. Die auch in den Flügeln angebrachte und bis in das Dach hochgezogene Torform ist im Piano Nobile mit einem Balkon versehen. Der abschließende Segmentgiebel trägt eine Kartusche mit dem Hohenlohe-Schillingsfürst-Wappen, das von zwei Löwen gehalten wird.

Dinkelsbühl – der Name führt auf die Getreidesorte „Dinkel" zurück – ist schon im Jahre 928 als befestigter Ort bezeugt. Unter den Staufern wurden ihm Stadtrechte verliehen. Handel und Gewerbe verhalfen der Stadt im Mittelalter zu Wohlstand und Reichtum, so daß sie mit Wehrmauern, Stadttoren und Türmen ausgebaut werden konnte. In dieser Form präsentiert sich die Stadt auch heute noch. Der schönste Blick auf die unverbaute Silhouette erwartet uns in der östlichen Parkanlage bei einem Spaziergang entlang dem Mühlengraben.

Es ist reizvoll, die beiden hohenlohischen Flüsse, den Kocher und die Jagst, miteinander zu vergleichen. Die Ergebnisse sind für beide Flüsse schmeichelhaft und dennoch unterschiedlich. Der stille und ein wenig im verborgenen fließende Kocher steht der eher leutseligen und bunte Gesellschaft suchenden Jagst gegenüber. Sie zieht an historisch spektakulären Stätten vorbei, wohingegen der Kocher seltene Schätze berührt und sich in weiten Schleifen in der Landschaft zu verstecken scheint. Wahrscheinlich ist es diese Bescheidenheit, die dem Kocher die Würde verlieh, eine noble Stadt zu prägen: Schwäbisch Hall.

Vom Kocher war schon die Rede. Wenden wir uns jetzt der Jagst zu und bleiben bei dem Attribut „spektakulär". Um den Kontrast spürbar werden zu lassen, ist eine Anfahrt durch das Kochertal empfehlenswert. Von Schwäbisch Hall geht es nordwärts Richtung Autobahnbrücke und weiter nach Braunsbach. Hier verlassen wir den stillen Fluß und halten auf Langenburg zu. Etwa zwei Kilometer hinter Nesselbach senkt sich die Landstraße in engen Kurven auf die Dächer von Bächlingen zu. Unvermittelt öffnet sich eine atemberaubende Perspektive. Auf dem gegenüberliegenden Höhenzug lagert Langenburg mit seinem Schloß. Da ein ausführlicher Besuch von Stadt und Schloß schon beschrieben wurde, bleiben wir unten im Tal und lassen das Bild auf uns wirken.

In Bächlingen sollte man übrigens einen Blick in die Dorfkirche und auf die wunderschönen mittelalterlichen Fresken aus dem späten 14. Jahrhundert werfen. Die Straße schmiegt sich an den Flußlauf, und nach wenigen Kilometern hat man Unterregenbach, das geheimnisvolle Dorf, erreicht. Geheimnisvoll, weil es kein Dokument gibt, das die karolingische Gründung erklärt. Die Pfarrkirche geht auf eine Basilika des frühen 9. Jahrhunderts zurück, und unter dem Pfarrhaus kann man heute noch eine frühromanische Krypta besichtigen. Die später über der Krypta erbaute Kirche existiert nicht mehr.

Durch eine gedeckte Holzbrücke aus dem Jahre 1821 geht es über die Jagst und weiter nordwärts in einen verlassenen und verträumten Landstrich,

Unterregenbach im Jagsttal ist ein geheimnisvolles Dorf, von dessen früher Entstehung zur Zeit der Karolinger keine Dokumente überliefert sind.

nach Buchenbach, das sich mit seinem idyllischen Schloß in den Hang kuschelt. Der Giebel des viergeschossigen ritterlichen Steinhauses ist mit alemannischen Fachwerkmotiven geschmückt.
Zwischen Mulfingen und Krautheim bleibt das Jagsttal einsam und auf weiten Strecken unberührt. In der zuletzt genannten Stadt aber regt sich der Fluß und scheint schon die derben Sprüche des trutzigen Ritters Götz von Berlichingen kundzutun: „Er aber, er kann mich ..." Weiter flußabwärts, in Jagsthausen, wird im Burghof an lauen Sommerabenden dieser „Schwäbische Gruß" zelebriert. Das Turmfenster fliegt auf, eine eiserne Hand erscheint und mit ihr der streitbare Rittersmann. 1480 kam er in Jagsthausen zur Welt, kämpfte gegen den Herzog zu Württemberg, wurde vom Kaiser Maximilian geächtet, geriet durch Verrat in Gefangenschaft, zog sich auf die Veste Hornberg am Neckar zurück, schrieb dort seine Lebensgeschichte nieder und starb im

Wer die Einsamkeit des Jagsttals sucht, wo der Fluß sich in engen Windungen durch das hügelige Land zieht, der sollte sich auf den Weg nach Oberregenbach machen.

Die alte Holzbrücke über der Jagst bei Unterregenbach zählt zu den versteckten Preziosen des Hohenloher Landes.

Jahre 1562. Im Kloster Schöntal wurde er beigesetzt. Sein Grabstein ist im Kreuzgang zu sehen. Der weitgereiste Ritter, dessen Leben an Abenteuern so reich war, kniet auf seiner eisernen Hand demütig vor dem Kruzifix und „harret allhie seiner fröhlichen Auferstehung", wie eine Inschrift unter dem Turnierhelm verkündet.

Das ehemalige Zisterzienserkloster Schöntal geht auf eine Gründung des 12. Jahrhunderts zurück. Der baufreudige und kunstsinnige Abt Knittel von Lauda ließ 1708 den Grundstein zu einem Neubau legen, der im Jahre 1717 nach den Plänen von Johann Leonhard Dientzenhofer fertiggestellt wurde.

Dieser Stahlstich von Albrecht Schultheiss aus dem Jahre 1848 zeigt Götz von Berlichingen (1480–1562), den Ritter mit der eisernen Hand, vor dem Heilbronner Rat, als er 1519 von der Stadt Heilbronn nach einem Kampf gegen den Schwäbischen Bund für drei Jahre gefangengenommen wurde. Sein Lebensbericht, den er als Achtzigjähriger verfaßte, sollte später als Quelle für Goethes berühmtes Drama „Götz von Berlichingen mit der eisernen Hand" dienen.

Merkwürdig, in einer Zeit der schwelgerischen und schwingenden Barockformen nimmt sich die Kirchenfassade streng und steif aus. Wie ein Renaissanceplast wirkend, in den Proportionen aber eher sperrig, gliedern Horizontalgesimse den dreigeschossigen Aufbau. Der kaum merklich vortretende Mittelteil wird durch einen Dreiecksgiebel abgeschlossen. Versehentlich müssen wohl noch Türme auf das Dach gesetzt worden sein. So jedenfalls muten die verbindungslos und in keinem proportionalen Verhältnis zur Fassade stehenden Turmoktogone an. Das Torgebäude mit seinem Volutengiebel und den kleinen schlanken Pyramiden erscheint dagegen anmutig und verspielt. Ein Wort noch zum Abt Knittel, der dem strengen Ernst des Gotteshauses mit paarweise reimenden Versen zu Leibe rückte. An Wänden, Türen und auch an verborgenen Örtchen finden sich – natürlich in lateinischer Sprache – seine Verse. Dem Abt und Dichterfürsten, er starb nicht einmal 50jährig 1732, errichtete man in der Kirche einen prunkvollen Marmorgrabstein.

Auch im nahen Möckmühl, das noch heute von seiner stolzen Burg bewacht wird, lassen sich Spuren des Ritters Götz finden. „Auß der Mauß-Fallen zu Meckmühl", so schreibt Götz, wollte der Heerführer des Schwäbischen Bundes ihn entführen, um ihn hinrichten zu lassen. Der Ritter konnte entkommen. Der Stadtkern mit seinen Fachwerkgebäuden ist von einer ungewöhnlich gut erhaltenen Wehrmauer mit Türmen aus

dem 13. Jahrhundert umgeben. Sehenswert ist auch das Renaissance-Rathaus von 1589.
Die Mühe lohnt, noch eine letzte Jagstschleife abzufahren, um am südlichen Ortsausgang von Züttlingen das Rokoko-Schlößchen Assumstadt aufzusuchen. Vom zentralen Kuppelsaal gehen Flügelbauten aus, deren Stuckzier und Malereien überraschen. Die schöne Gartenanlage ist zusammen mit dem Schloß im Jahre 1769 entstanden.
Nehmen wir jetzt Abschied von der Jagst, die an Neudenau vorbei gegenüber vom staufischen Wimpfen nur wenigen Kilometer oberhalb der Kochermündung in den Neckar fließt.

Hoch über dem Jagsttal erhebt sich die Burgruine Krautheim. Der älteste Teil der Burg entstand in der ersten Hälfte des 13. Jahrhunderts.

Der Stille und Einsamkeit des Jagsttals läßt sich zwischen Bächlingen und Kloster Schöntal nachspüren. Hinter Bächlingen schmiegt sich die Straße an den Flußlauf, und nach wenigen Kilometern hat man Unterregenbach, das geheimnisvolle Dorf, erreicht. Geheimnisvoll, weil kein Dokument die karolingische Gründung belegt. Eine gedeckte Holzbrücke aus dem Jahre 1821 kreuzt den Fluß, und weiter geht es nordwärts in einen verlassenen und verträumten Landstrich nach Buchenbach, das sich mit seinem idyllischen Schloß in den Hang kuschelt. Zwischen Mulfingen und Krautheim bleibt das Jagsttal einsam und auf weiten Strecken unberührt. Nahe dem ehemaligen Zisterzienserkloster Schöntal scheint sich die Jagst zu verstecken und taucht immer wieder in dichtes Baum- und Buschwerk ein, das sich im Sommer zuweilen wie ein Baldachin über den Flußlauf wölbt.

Das Kloster Schöntal geht auf eine Gründung des 12. Jahrhunderts zurück. Der baufreudige und kunstsinnige Abt Knittel von Lauda ließ 1708 den Grundstein zu einem Neubau legen, den mehrere Baumeister nach den Plänen von Johann Leonhard Dientzenhofer bis zum Jahre 1717 ausführten. Der zweiläufige Aufgang des Treppenhauses, von den Allegorien der Sapientia und der Theologie flankiert, vereint sich in einem Mittelgeschoß, um wiederum zweiläufig nach oben zu streben. Die blau marmorierten Handläufe des Geländers kontrastieren mit den vergoldeten Rocaillemustern und den verzierten Kandelabern auf den Geländersockeln. An Wänden, Türen und auch an verborgenen Örtchen finden sich lateinische Verse des Abts und Dichterfürsten. Als er 1732 starb, errichtete man ihm in der Kirche einen prunkvollen Marmorgrabstein.

Malerisch erhebt sich das Städtchen Kirchberg an der Jagst mit seinen Türmen und dem Schloß über dem Tal. Um 1200 legten die Herren von Kirchberg eine Burg an, um die seit dem 14. Jahrhundert allmählich Wohn- und Amtshäuser sowie Kirchen und Kapellen entstanden und zu einer Stadt zusammenwuchsen. Im Jahre 1313 erhielten die Grafen von Hohenlohe die Stadt, die sie bereits siebzig Jahre später verpfänden und danach an die Reichsstädte Rothenburg, Dinkelsbühl und Schwäbisch Hall verkaufen mußten. Erst im 16. Jahrhundert gelang es den Hohenlohern, ihren einstigen Herrschaftsmittelpunkt zurückzukaufen. Sie machten ihn zu ihrem Amtssitz. Aus dieser Zeit stammt auch das Schloß, das zunächst als Witwensitz im Renaissancestil erbaut und im 17. und 18. Jahrhundert barock umgestaltet und erweitert wurde.

Jagsthausen. Wer verbindet diese Stadt nicht mit dem berühmten „Er aber, er kann mich …" Hier im Burghof wird an lauen Sommerabenden dieser „Schwäbische Gruß" zelebriert. Das Turmfenster fliegt auf, eine eiserne Hand erscheint und mit ihr der trutzige Ritter Götz von Berlichingen. 1480 kam er in Jagsthausen zur Welt und begann sein abenteuerliches Leben, das ihn hinaus in die Welt und wieder zurück an die Jagst führte – ins Kloster Schöntal, wo er beigesetzt wurde. Sein Grabstein ist im Kreuzgang zu sehen. Jagsthausen geht zurück auf ein Römerkastell, dessen Funde im Museum der Götzenburg ausgestellt sind. Ende des 11. Jahrhunderts taucht der Ort als Besitz der Familie von Husen oder Hausen in Dokumenten auf – daher übrigens auch der Name Jagsthausen. Die Erben des Ende des 14. Jahrhunderts erlöschenden Geschlechts der von Hausen waren die Berlichinger, welche die Burg zum Schloß ausbauten.

Im „Bauland", das sich nördlich der Jagst bis zum Odenwald im Nordbadischen hinzieht, wird heute wieder Dinkel geerntet. Wenn die Halme noch grün sind, werden sie „gekämmt", um die Ähren zu gewinnen und sie auf die „Darre" zu schaffen. „Darren" wird ein Vorgang genannt, bei dem mittels eines dosierten Feuers die Körner getrocknet werden. Schließlich wandern die olivfarbenen Grünkerne in die Mühle zum Gerben, um sie von der Spelze zu trennen. Dann werden sie fein gemahlen.

Es gibt viele Rezepte für Grünkernsuppen oder Grünkernküchle. Sogar ein Grünkernpudding steht manchmal als Nachtisch auf dem Tisch. Eine Grünkernsuppe läßt sich mit 200 Gramm gemahlenen Körnern schnell zubereiten. Die Portion wird mit Fett und etwas Mehl in der Pfanne angeröstet. Ein Liter Gemüsebouillon mit geschnittener Petersilie und ein in Sahne eingerührtes Ei werden dazugegeben. 20 bis 30 Minuten sollte das Süpplein köcheln. Salz und Muskatblüten runden den Geschmack ab. Für das Zubereiten von etwa 20 Grünkernküchlein sollten 350 Gramm grob geschroteter Grünkern mit dem Inhalt einer Flasche kohlensäurereichen Mineralwassers, mit zwei Eiern, drei Eßlöffeln Sonnenblumenöl, einem halben Teelöffel Kräutersalz sowie mit etwas Grillgewürz verrührt werden. Dann ruht der Teig zwei Stunden, damit er quellen kann. Die aus dem Teig flach geformten Küchlein werden auf ein eingefettetes und mit Mehl bestreutes Blech gelegt und mit kleinen Würfeln Räucherkäse versehen. Bei etwa 200 Grad Celsius backen die Küchlein 15 bis 20 Minuten lang.

Die Hohenlohischen Weingüter sind gegenüber anderen Weinanbaugebieten nicht so ergiebig, aber der Wein ist von einer besonders guten Qualität, die von Kennern hoch geschätzt wird.

Grünkerngerichte sind bodenständig und verlangen nicht nach ausgewählten Weinsorten. Doch der Hohenloher Wein wird von Kennern hochgeschätzt und als Geheimtip gehandelt. Über die Qualität läßt sich nicht streiten, sie ist gut. Über die Quantität können wir schmunzeln, wenn wir erfahren, daß im Pfedelbacher Schloßkeller ein im Jahre 1752 gefertigtes Prunkfaß lagert, aus dem rund 260 000 „Viertele" genossen werden können. Mit anderen Worten, es faßt annähernd 65 000 Liter Wein.

Das Weingebiet um Öhringen ist nicht besonders groß. Es umfaßt ungefähr 400 Hektar. In der Schloßkellerei des Fürsten zu Hohenlohe-Öhringen wird der Verrenberger erzeugt. Er stammt aus einem geschlossenen Rebenbestand, der ausschließlich trockene Weißweine erbringt. Der Riesling über-

Im Pfedelbacher Schloßkeller befindet sich das 1752 kunstvoll gefertigte Prunkfaß, das mit 64 664 Liter Wein gefüllt werden kann – das sind etwa 260 000 Viertele …

wiegt, der Rest teilt sich auf in Spätburgunder, Müller-Thurgau, Limberger und Kerner.
Etwas weiter nördlich, im Schloß Weikersheim, sind die Fürstlich Hohenlohe-Langenburgischen Weingüter zu Hause. Die Geschmacksnote fällt etwas duftiger und erdig-fruchtiger aus. Das liegt am Kalksteinboden. Mancher Riesling oder Silvaner könnte durchaus mit einem typischen Frankenwein verwechselt werden. Wer die Weine probieren und sich dazu die entsprechenden Gerichte empfehlen lassen möchte, der sollte die Öhringer „Post“ aufsuchen. Man wird jedoch auch in anderen Restaurants bestens mit den Spezialitäten der Region versorgt.
Wenige Kilometer nördlich von Öhringen lädt das barocke Jagdschloß der Fürsten von Hohenlohe-Öhringen zu außergewöhnlichen Gaumengenüssen ein, das sehr stilvoll geführte Hotel Friedrichsruhe. Hier war im vergangenen Jahrhundert Eugenie John als Vorleserin beschäftigt. Unter dem Namen „Marlitt“ setzte sie mit ihren Liebesromanen so manchen Tränenfluß frei … Auch in Künzelsau lohnt das eine oder andere Lokal einen Besuch.
Spezialitäten einer Region sind meistens kontrastreich. Der vornehme Wein steht neben der bodenständigen Suppe. Fehlt noch das Wibele – auch ein Gaumengenuß, aber einer der besonderen Art. Ein Wibele ist ein winziges Gebäckstück, ganze zwei Zentimeter lang und einen Zentimeter dick. Die pastell-braunen Leckereien mit der schmalen Taille werden in vielen hohenlohischen Bäckereien in kleinen durchsichtigen Tüten angeboten. Vor über 200 Jahren hat sie der Konditormeister Wibel aus dem Café Bauer in Langenburg „erfunden“. Neben Eiweiß, Puderzucker und Mehl wird noch eine bestimmte Gewürzmischung beigemengt. Nur die Eingeweihten wissen um die Dosierung, uns bleibt der Genuß.

Viele Gasthäuser verblüffen mit originellen und kunstvoll gearbeiteten Wirtshausschildern. Das von der „Traube“ in Kupferzell gehört sicherlich zu den schönsten seiner Art.

Wo wächst der von Kennern so hochgeschätzte und sogar als Geheimtip gehandelte Hohenloher Wein? Im Weingebiet von Öhringen beispielsweise, im Heuholz, wo eine Weinprobe unerläßlich ist. Über die Qualität des Weins läßt sich nicht streiten. Sie ist gut. Da das Anbaugebiet klein ist, fällt auch die Menge nach der Weinlese eher gering aus. Gering aber konzentriert: Im Pfedelbacher Schloßkeller lagert ein im Jahre 1752 gefertigtes Prunkfaß mit annähernd 65 000 Litern Wein. Was macht den Wein so fruchtig-herb? Was verleiht ihm die noble Note? Kenner meinen, daß Winzer von ihrer wunderschönen Landschaft inspiriert werden und die Atmosphäre des Hohenloher Landes in ihren Wein eingehen lassen.

Burgenkunde
Eine kleine Burgenkunde empfiehlt sich angesichts der vielen mittelalterlichen Burgen im Hohenloher Land – gerade wenn es sich, wie in den meisten Fällen, um Ruinen handelt: Die Burggebäude sind von einem Wehrgang umgeben, der von Zinnen und von gedeckten Gängen bekrönt sowie von mächtigen Mauerpfeilern abgestützt wird. Ein Torhaus bietet den Zugang, Eck- oder Mauertürme sind als Wachtürme in die Mauer eingebaut.
Die Wirtschaftsgebäude und die Burgkapelle befinden sich häufig im Schutz der Mauer. Der Palast, auch Dürnitz genannt, ist das dominante Gebäude, das Wohn- und Festhaus der Burggesellschaft. In der Nähe befindet sich der Viehstall. Der Hauptturm, auch Bergfried genannt, bildet häufig die Mitte des Burghofs, in manchen Fällen steht er auch näher an den Palast herangerückt oder bildet mit ihm eine bauliche Einheit.

Burgenstraße
„Europas romantische Burgenstraße" mißt 975 Kilometer und verläuft von Mannheim über Heilbronn, Rothenburg ob der Tauber, Nürnberg und Karlsbad nach Prag. Ein Teilstück ist im Hohenloher Land zu befahren und erstreckt sich von Waldenburg über Schwäbisch Hall bis Langenburg.
Information: Arbeitsgemeinschaft „Die Burgenstraße", Rathaus, 74072 Heilbronn, Tel. 0 71 31/56 22 71.

Burgen und Schlösser
Das Hohenloher Land ist ein Land der Burgen und Schlösser. Das fällt um so mehr auf, als in einem verhältnismäßig begrenzten Raum ungewöhnlich viele Burgen und Schlösser errichtet wurden – sei es auf luftiger Höhe, in Städten und Dörfern oder versteckt in Waldwinkeln und Talauen.

Bartenstein
Die mittelalterliche Burganlage der Herren von Stein ging 1247 an die Ritter von Bartenstein als hohenlohisches Lehen über. Im Verlauf des Bauernkrieges wurde die Burg 1525 zerstört. 1688 herrschte dort die Linie Hohenlohe-Waldenburg-Bartenstein. 1760 wurde Bartenstein zum Barockschloß umgebaut. Heute befindet es sich im Besitz der Fürsten von Hohenlohe-Jagstberg-Bartenstein. Führungen sind auf Anfrage möglich: Tel. 0 79 36/2 89.

Brauneck
Burg Brauneck, die heute eine Ruine ist, war Sitz der schon im Jahre 1434 ausgestorbenen Linie Hohenlohe-Brauneck. Die Stammburg wurde 1230 durch Konrad von Hohenlohe gegründet, Mitte des 15. Jahrhunderts umgebaut und im Verlauf des Bauernkrieges im Jahre 1525 zerstört.

Jagsthausen
Die spätmittelalterliche „Götzenburg", ein ehemaliges Wasserschloß, wurde im Jahre 1876 vollständig umgebaut. An lauen Sommerabenden wird der „Schwäbische Gruß" im Burghof zelebriert: Das Turmfenster fliegt auf, eine eiserne Hand erscheint – und mit ihr der trutzige Ritter Götz von Berlichingen.

Kirchberg an der Jagst
Die Burg aus dem 13. Jahrhundert und das um 1600 erbaute Schloß wurden durch den Barockbaumeister Leopold Retti in der ersten Hälfte des 18. Jahrhunderts umgebaut. Im Schloß befindet sich heute ein Altenheim. Die Schloßräume können dennoch besichtigt werden. Führungen erfolgen auf Anfrage: Tel. 0 79 54 / 80 20.

Langenburg
Die Burg wurde von Graf Philipp Ernst zu Beginn des 17. Jahrhunderts in ein Renaissanceschloß umgewandelt. 1756 ließen die Grafen den Ostflügel umbauen. Ein Brand im Jahre 1963 verwüstete diesen Trakt und Teile des Nordbaus. Restauratoren und Architekten sorgten für einen originalgetreuen Wiederaufbau. Bis zum heutigen Tage residiert dort die Linie Hohenlohe-Neuenstein-Langenburg. Öffnungszeiten: Karfreitag bis 1. November, täglich 10.00–17.00 Uhr, Schloßführungen zu jeder vollen Stunde.

Maienfels
Hoch über dem Tal der Brettach südlich von Öhringen erhebt sich die im 13. Jahrhundert erbaute Burg Maienfels. Im 15. und 17. Jahrhundert wurde die Anlage erweitert und ausgebaut. Es werden keine öffentlichen Führungen durchgeführt.

Morstein
Die spätmittelalterliche Burg Morstein (13.–16. Jahrhundert) liegt versteckt am Waldrand. Das Schloßgebäude prunkt mit seinem Renaissance-Staffelgiebel. Darüber erhebt sich stolz der staufische Buckelquader-Bergfried. Heute ist die Burg im Privatbesitz und nicht zu besichtigen.

Neuenstein
Die Residenz der Grafen von Hohenlohe geht auf eine mittelalterliche Wasserburg aus dem 13. Jahrhundert zurück. Um 1565 wurde sie von dem Baumeister Balthasar Wolff aus Heilbronn ausgebaut und erweitert. Zu Beginn des 17. Jahrhunderts erfolgte ein weiterer Umbau durch die Baumeister Heinrich Schickhardt und Georg Kern. Im Innenhof fallen die imposanten Ecktürme und die ornamentierten Renaissanceverzierungen der beiden Torflankentürme auf. Öffnungszeiten: 15. März bis 15. November, Di.–So. 9.00–12.00 und 13.30–18 Uhr. Gruppenführungen nach Vereinbarung auch montags, Tel. 0 79 42/22 09.

Öhringen
Schloß Öhringen wurde um 1612 von Georg Kern als Witwensitz für die Gattin des Grafen Wolfgangs II. von Hohenlohe-Weikersheim erbaut. Spätere Erweiterungen und die Innenausstattung sowie der Hofgarten mit dem ehemaligen Theaterpavillon stammen aus der Zeit zwischen 1714 und 1781. Im Schloß ist heute die Stadtverwaltung Öhringen untergebracht.

Pfedelbach
Das Renaissance-Wasserschloß wurde zwischen 1568 und 1572 erbaut. Die hinter dem Torbau gelegene offene Galerie stammt von dem württembergischen Hofbaumeister Heinrich Schickhardt. Gräfin Agathe war die Auftraggeberin der Galerie und die Gemahlin des Grafen Eberhard von Hohenlohe, der bei der sogenannten „Waldenburger Fastnacht" von 1570 im Feuersturm ums Leben kam. Im Schloß werden keine Führungen durchgeführt, aber die Schloßkapelle und der Bürgersaal können auf Anfrage besichtigt werden: Tel. 0 79 41/83 51.

Waldenburg
Eine erste Burg ist für das 13. Jahrhundert überliefert. Zu dieser Zeit befand sich Waldenburg im Hohenloher Besitz und erlangte hundert Jahre später die Stadtrechte. Die Reste der Zwingmauern und Gräben sowie der alte Bergfried erinnern noch an die mittelalterliche Burganlage. Im 16. Jahrhundert wurde dann das Schloß erbaut und im 18. Jahrhundert im Stil des Barock umgebaut. Die Burg ist heute im Besitz des Fürsten und nicht für Besichtigungen zugänglich.

Weikersheim
In einer ersten Bauphase zwischen 1586 und 1603 ließ Graf Wolfgang von Hohenlohe die mittelalterliche Wasserburg in ein prunkvolles Renaissanceschloß verwandeln. Besonders sehenswert ist die monumentale Kassettendecke des Rittersaals von Elias Gunzenhäuser. Ein Spaziergang durch den barocken Schloßpark ist sehr zu empfehlen: er befindet sich in originalem Zustand mit Statuen-Zyklus und Orangerie. Seine Steinfiguren stellen Hofnarren, Faulpelze, Kammerzofen oder Trommler in ihrem Leben am Hofe dar.

Gast auf Burg und Schloß
In einigen Schlössern und Burgen wird der Gast trotz des historischen Rahmens komfortabel untergebracht. Der Reiz, in einer mittelalterlichen oder barocken Atmosphäre zu speisen und die Nacht zu verbringen, lockt immer mehr Touristen in das Hohenlohische. Empfehlenswerte Häuser sind:

Jagsthausen, Götzenburg, 74249 Jagsthausen. Das Gästehaus ist vom 1. April bis 15. Oktober geöffnet, behagliche und rustikale Einrichtung. Tel. 0 79 43/22 22, Fax 0 79 43/82 00.

Friedrichsruhe, Wald- und Schloßhotel, 74639 Friedrichsruhe-Zweiflingen. Stilvoll mit antiken Möbeln eingerichtet. Ganzjährig geöffnet. Tel. 0 79 41/6 08 70, Fax 0 79 41/6 14 68.

Vellberg, Hotel Schloß Vellberg, Im Städtle 31, 74541 Vellberg. Ganzjährig und durchgehend geöffnet. Auf einer Felszunge im alten Städtchen gelegen. Jährliches Weinbrunnenfest am ersten Juliwochenende. Tel. 0 79 07/87 60, Fax 0 79 07/8 76 58.

Informationen
Touristik-Information, Am Markt 9, 74523 Schwäbisch Hall, Tel. 07 91/75 12 46, Fax 75 13 75.
Touristengemeinschaft Neckar-Hohenlohe-Schwäbischer Wald, Am Markt 9, 74523 Schwäbisch-Hall, Tel. 07 91/75 13 85, Fax 75 13 75.
Touristengemeinschaft Hohenlohe-Franken, Münzstr. 1, 74523 Schwäbisch Hall, Tel. 07 91/75 54 46, Fax 75 53 62.
Fremdenverkehrsgemeinschaft Hohenlohe e. V., Allee 17, 74653 Künzelsau, Tel. 0 79 40/18 22 06, Fax 1 83 63.

Limes
Der obergermanische Limes, im 2. Jahrhundert n. Chr. von den Römern als Grenz- und Schutzwall erbaut, durchzieht das Hohenloher Land annähernd in Nord-Süd-Richtung. Von Walldürn kommend verläuft er in direkter Linie durch Osterburken, schneidet Jagsthausen und Öhringen und strebt bei Meinhardt den Löwensteiner Bergen zu. In der Nähe von Friedrichsruhe ist der Limes deutlich als Wall auszumachen. Der 270 Meter lange Abschnitt gilt als der am besten erhaltene im Hohenloher Land.

Märkte
Jakobimarkt
In Schwäbisch Hall findet alljährlich im Juli der Jakobimarkt statt.
Johannes-Krämermarkt
Der im Juni stattfindende Johannes-Krämermarkt in Künzelsau wird in der weiten Umgebung als Geheimtip gehandelt.
Ostermontagsmarkt
In Langenburg findet alljährlich zu Ostern der sogenannte Ostermontagsmarkt statt, der mit Spezialitäten der Region und Kunsthandwerk aufwartet.

Museen
Jagsthausen
Götz-Museum in der Götzenburg, Schloßstraße, 74249 Jagsthausen, März–Oktober, tägl. 10.00–12.00 und 13.00–16.00 Uhr, Info-Tel. 0 79 43/91 23 45 45.

Künzelsau
Puppenmuseum, Hauptstraße 37, 74653 Künzelsau, Führungen ab 10 Personen, Tel. 0 79 40/22 79.

Ortsteil Gaisbach: Museum Würth, zeitgenössische Kunst und Sammlung von Schrauben und Gewinden, tägl. 10.00–18.00, Sa. und So. 10.00–17.00 Uhr, Tel. 0 79 40/15 22 00.

Langenburg
Deutsches Automobilmuseum Schloß Langenburg, 74595 Langenburg, Karfreitag bis 1. November, tägl. 10.00–17.00 Uhr und nach Anmeldung, Tel. 0 79 05/2 64.

Neuenstein
Schloßmuseum, Schloßstraße, 74632 Neuenstein, 16. März bis 15. November, tägl. außer Mo. 9.00–12.00 und 13.30–18.00 Uhr, Tel. 0 79 42/22 09.

Öhringen
Weygang-Museum mit Zinn- und Fayencensammlung, Karlsvorstadt, 74613 Öhringen, Wiedereröffnung nach Renovierung 1999, Tel. 0 79 41/3 53 94.

Rothenburg o. d. T.
Kriminalmuseum, Burggasse 3, 91541 Rothenburg ob der Tauber, tägl. geöffnet: November bis Ende Februar 14.00–16.00, März 10.00–16.00, April bis Oktober 9.30–18.00 Uhr, Tel. 0 98 61/53 59.
Puppen- und Spielzeugmuseum, Hofbronnengasse 13, tägl. geöffnet: Januar und Februar 11.00–17.00, März bis Dezember 9.30–18.00 Uhr, Tel. 0 98 61/73 30.

Schwäbisch Hall
Hällisch-Fränkisches Museum, Keckenhof, 74523 Schwäbisch Hall, Di.–So. 10.00–17.00, Mi. bis 20.00 Uhr, Tel. 07 91 / 75 13 60
Hohenloher Freilandmuseum (Historisches Dorf) in Wackershofen, März bis April Di.–So. 10.00–17.00, Mai bis November Di.–So. 9.00–18.00, Juni bis August tägl. von 9.00–18.00 Uhr, Tel. 07 91 / 97 10 10.

Weikersheim
Schloß, 97990 Weikersheim, tägl. geöffnet, jedoch nur mit einstündiger Führung: Mitte März bis 31. Oktober tägl. 9.00–18.00, November–März 10.00–12.00 und 13.30–16.30 Uhr, Tel. 0 79 34/83 64.

Wein
Der Hohenloher Wein gilt als Geheimtip. Die Weingebiete sind nicht groß; das um Öhringen umfaßt ungefähr 400 Hektar. In der Schloßkellerei des Fürsten zu Hohenlohe-Öhringen wird der Verrenberger erzeugt, ein geschlossener Rebenbestand, der ausschließlich trockene Weißweine erbringt. Der Riesling überwiegt; der Rest teilt sich auf in Spätburgunder, Müller-Thurgau, Lemberger und Kerner.
Etwas weiter nördlich, im Schloß Weikersheim, sind die Fürstlich Hohenlohe-Langenburgischen Weingüter zu Hause. Die Geschmacksnote fällt etwas duftiger oder erdig-fruchtiger aus. Das liegt am Kalksandsteinboden. Mancher Riesling oder Silvaner könnte durchaus mit einem typischen Frankenwein verwechselt werden.

Wibele
Wibele nennt man ein winziges, ganze zwei Zentimeter langes und ein Zentimeter dickes Gebäckstückchen. Die pastellbraunen Leckereien mit der schmalen Taille werden in vielen hohenlohischen Bäckereien angeboten. Vor über 200 Jahren hat sie der Konditormeister Wibel des Cafés Bauer in Langenburg „erfunden". Neben Eiweiß, Puderzucker und Mehl wird noch eine bestimmte Gewürzmischung beigemengt. Nur die Eingeweihten wissen um die Dosierung.

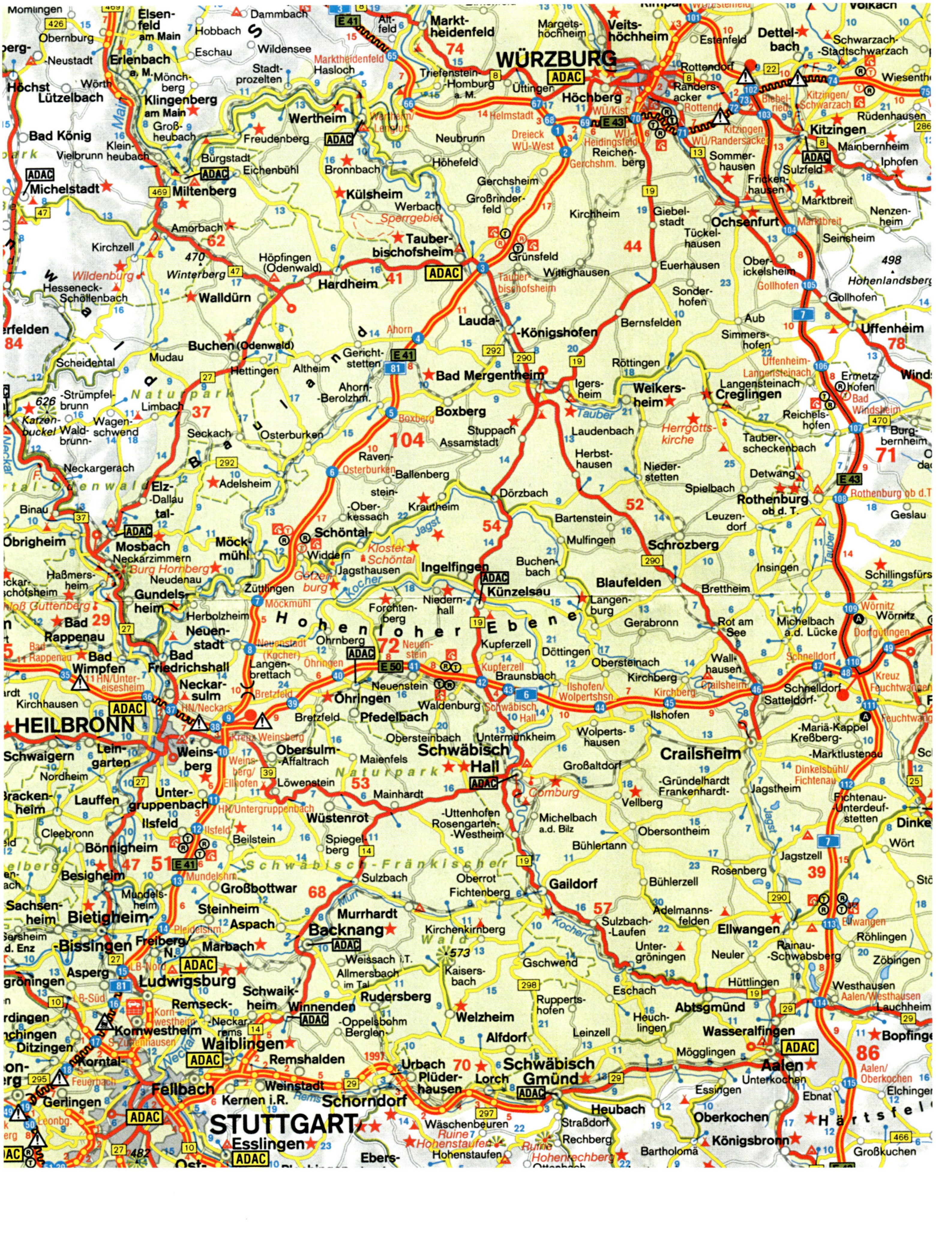

WÜRZBURG
Markt-heidenfeld
Veits-höchheim
Dettel-bach
Kitzingen
Höchberg
Ochsenfurt
Wertheim
Miltenberg
Erlenbach
Klingenberg am Main
Höchst
Lützelbach
Bad König
Michelstadt
Amorbach
Walldürn
Hardheim
Külsheim
Tauber-bischofsheim
Lauda-Königshofen
Buchen (Odenwald)
Bad Mergentheim
Boxberg
Weikersheim
Creglingen
Röttingen
Uffenheim
Rothenburg ob d. T.
Osterburken
Adelsheim
Mosbach
Möckmühl
Schöntal
Krautheim
Dörzbach
Ingelfingen
Künzelsau
Blaufelden
Schrozberg
Gundelsheim
Bad Rappenau
Bad Wimpfen
Bad Friedrichshall
Neckarsulm
Neuenstadt
HEILBRONN
Weinsberg
Öhringen
Pfedelbach
Neuenstein
Waldenburg
Schwäbisch Hall
Crailsheim
Ilshofen
Kirchberg
Gerabronn
Obersulm
Löwenstein
Mainhardt
Wüstenrot
Ilsfeld
Besigheim
Bietigheim-Bissingen
Großbottwar
Marbach
Backnang
Murrhardt
Gaildorf
Ellwangen
Ludwigsburg
Kornwestheim
Waiblingen
Winnenden
Welzheim
Alfdorf
Schwäbisch Gmünd
Lorch
Schorndorf
Fellbach
STUTTGART
Esslingen
Aalen
Wasseralfingen
Abtsgmünd
Oberkochen
Königsbronn
Heubach
Hohenlohe Ebene
Bauland
Naturpark Schwäbisch-Fränkischer Wald
Jagst
Kocher
Neckar
Tauber
Main
ADAC
E 41
E 43
E 50